阿部圭司×小澤伸雄×木下康彦

［第四版］

ファイナンシャル・リテラシー

～知っておきたい「お金」の知識と付き合い方～

同友館

はじめに

　改訂第四版をお手に取っていただき、ありがとうございます。本書の初版が出版される数年前から企画は始まっていましたので、本書には足かけ15年くらい関わっていることになります。この間、金融、税制、社会保障の各制度も毎年のように変化し、その都度、本書も改訂版という形でフォローを続けています。

　長い人生を充実したものに、夢を実現するためにも、自らのライフプランを描き、それに見合った資金計画を立てることの重要性は初版の頃から変わらないコンセプトです。無理に投資をする必要はありません。まずは将来のライフプランを描き、自身の収入と支出を見直し、必要であれば資産運用を検討してください。

　ライフプランを描く最初の機会は収入や支出が大きく変化する就職時、社会に出る直前ではないかと思われます。そのような理由で、本書は主な読者として大学生を想定していますが、高校生や社会に出て働き始めた人たち、あるいは主婦の方々にも関心を持っていただけるように配慮したつもりです。

　以下で紹介する各章は、必要に応じてつまみ読みしていただいて構いません。ですが、できたら第13章のライフプランニングは一度、目を通していただけると本書の意図がご理解いただけるのかと思います。

　第1章では平成という時代の雇用、所得、物価、さらには定年と年金受給年齢の変化を示しつつ、ライフプランを考えるにあたり、金融リテラシーを持つことの重要性を述べています。

　第2章は消費を取り上げます。現代の社会では、ローンを組むことで簡単に高額な商品を購入することができますが、無計画に利用することでトラブルなるケースも多くなっています。ここでは契約時のクーリング・オフ制度、悪質商法への対応、クレジットカードやローン利用時の注意点について説明しています。

　第3章は金利とその計算です。借りるにせよ、運用するにせよ、金利

の計算ができなくては正しい判断につながりません。少し難しい計算がありますが、慣れてしまえば手元で簡単にローンの計算ができるようになります。これまではコンピュータソフトによる計算例を示していましたが、近年のスマートフォンの普及を反映して、スマートフォンの電卓アプリで計算する例を紹介しています。

　第4章から第7章は資産運用に関するテーマが続きます。まず第4章はリスクを取り上げます。リスクとリターン（利益）は相反する関係にあります。高いリターンを欲するなら、高いリスクを負わなくてはなりません。リスクを嫌うのなら、低いリターンに甘んじなければなりません。また、この章では分散投資のメリットについても触れています。

　第5章は株式、第6章は債券、さらに第7章は投資信託です。各家計のライフプランによっては所得を金融機関に預けるだけではなく、積極的に運用する必要もでてくると思われます。各章ではこれら金融資産の特徴と取引制度について説明しています。これらの章については、資産運用はまだ早い、と考える読者の方であれば、読み飛ばして頂いても結構でしょう。

　第8章は私たちが困った場合に得られる公的な支援、社会保障制度を取り上げます。公的扶助、社会福祉、公衆衛生、社会保険の主要な4つの制度について、その仕組みと利用について説明しています。

　第9章は第8章と同じく私たちが困った場合への備えとなりますが、自分で用意する手段としての保険を取り上げています。代表的な保険として、生命保険、損害保険の2つを、さらに第三分野と呼ばれるジャンルについて触れています。

　第10章は税金です。私たちが安心して生活していくために、国や地方公共団体は様々なサービスを行っています。その資金は税金によってまかなわれています。身近な税金ついて説明をしています。また、コラムではパートやアルバイトの方が意識する、いわゆる「年収の壁」といった身近な例についても説明しています。

　第11章は不動産がテーマです。株式などの金融商品には関心がなくとも、住む家を借りるか、購入するかで悩んでいる方は多いはずです。不動産は多くの人にとって人生最大の買い物です。この章では住宅取

得に関する知識、具体的には購入費用や住宅ローンについて説明しています。

　第12章では贈与・相続を取り上げています。近年、制度の改正が目立つ分野でもあります。人の死によって財産を引き継ぐ相続と、生前に行われる贈与、さらに関連する税制について触れています。

　最後に、第13章はライフプランニングがテーマです。ライフプラン表を作成することで、将来のイベントを確認します。これにより、将来の問題点を浮き彫りにし、金銭的な準備を意識してもらうことが目的です。人それぞれが描いている夢や目標を達成し易くするためのツールがライフプラン表です。

　それぞれの章では関連する話題を適宜コラムとしてまとめました。また、章末には問題を載せています。解答が用意されているものもありますが、むしろ、みなさんで考えて頂きたい事柄や発展的な学習内容を示した位置づけとなっています。

　インターネットで様々な情報が、容易に取得できる時代ではありますが、まとまった形で情報が集約され、手元に置くことができ、気軽に開いて参照できる書籍という形式の長所はまだまだ優位性を持っていると思われます。本書が数多くの方々の金融リテラシー獲得の一助となり、ライフプラン形成に役立てて頂ければ幸いです。

　最後に、同友館の佐藤文彦氏には、旧版時代より本書の企画段階から出版に至るまでお世話になりました。再び立派な書籍が発刊されることに感謝し、ここにお礼申し上げます。

2024年3月

阿部圭司・小澤伸雄・木下康彦

目　　次

第1章　ファイナンシャル・リテラシーの必要性

　平成のおよそ30年間を雇用、所得、物価、寿命などの面で振り返りながら、これからの社会で私たちが暮らしてゆく中で、ファイナンシャル・リテラシーを持つことの必要性、重要性を学びます。

1.1.人生100年時代

　2019年の5月に、およそ30年続いた平成から令和と元号が変わりました。平成の社会・経済を振り返ると、国内では戦争はありませんでしたが、阪神淡路大震災や東日本大震災、毎年のように起こる台風や大雨の被害など、自然災害は多かったように思えます。経済面ではバブルの発生と崩壊、長期にわたる低成長、デフレの発生が挙げられます。また、新しい時代にも関わる問題として、少子高齢化とその影響があります。
「人間五十年」は戦国時代の有名な武将、織田信長が好んだ幸若舞「敦盛」の一節、時の流れの儚さを表現したもので、人の寿命が当時50年ほどであるという意味ではないそうです。では実際どのくらいだったのかというと、さらに時代が下って江戸時代後期の農村の資料を元にした研究になりますが、平均寿命は40年程という数字が出ています。これは子供の死亡率が今と比べてとても高いためです。もちろん、70年、80年と長生きする人もいましたが、「人間五十年」を「人生50年」と誤解してしまうのも理解できる気がします。

　20世紀に入り、医学の発展や経済成長に伴う栄養の改善などにより人間の寿命は飛躍的に伸びました。特に日本人の寿命は先進国の中でも長いことが知られています。図は1947（昭和22）年から2017（平成29）年までの男女の平均寿命の推移を示したものです。戦後すぐの1947年当時は男性が50.06歳、女性が53.96歳であった平均寿命が、この70年間で男性は81.09歳、女性は87.26歳にまで伸びました。日本人の寿命が延びた要

因として上記の要因以外にも、整備された国民保険制度や、和食を中心
とした食生活、さらには遺伝的な要因まで指摘されることもあるようで
すが、とにかく、現代を生きる私たちはとても長生きするようになりま
した。

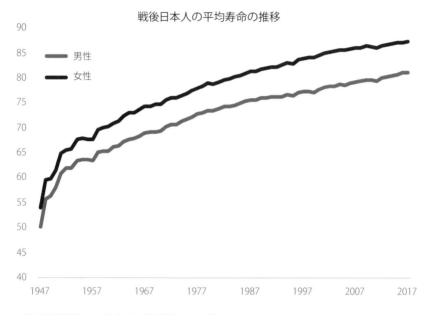

出典）厚生労働省：完全生命表及び簡易生命表より作成

「人生100年時代」はやや大げさな表現ですが、私たちはこうした変化に
合わせた生き方を考えてゆく必要があると思います。まず第一に、健康
であることが重要ですが、この本で扱う内容ではないので、次に心配と
なる（であろう）仕事のこと、お金のことについて考えてみましょう。

1.2.雇用の形態はどう変化したか

　少子高齢化の問題の１つは労働人口の減少による人手不足と言われて
います。実際に、働く人の数の変化を見ることにしましょう。グラフは
厚生労働省による労働力調査より、平成になってからの雇用者数（役員
を除く）の推移を性別・雇用形態別に示したものです。

　少子高齢化にも関わらず、全体の雇用者数は1989（平成元）年から2018（平成30）年にかけて、1,327万人も増加しています。この時期は、いわゆる団塊の世代（1947-1949年生まれ）が2007年から2012年頃までに定年を迎えることと入れ替わりに団塊ジュニア世代（1970年代生まれ）が高校、大学等を卒業し、本格的に社会人となった頃に相当しています。

　しかし、正規雇用者数は1997（平成9）年に3,812万人のピークを付けて以降減少し、近年少し盛り返したとはいえ、1989（平成元）年からは24万人増の3,476万人という水準です。増加分のほとんどが非正規雇用であり、増加した非正規雇用の中心は女性（863万人増）であることも分かります。

性別・雇用形態別雇用者数の推移

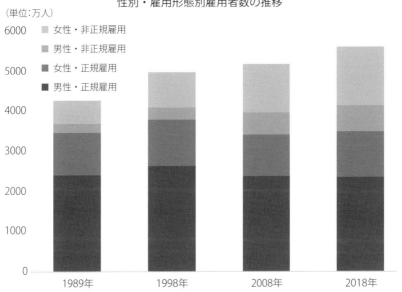

（単位：万人）

※ただし15-24歳の集計については在学中の者を含んでいる。
出典）厚生労働省「労働力調査（特別調査）から2月調査分（1989年、1998年）、及び「労働力調査（詳細集計）」から年平均」（2008年、2018年）より著者作成。

　では、正規雇用と非正規雇用の内訳を詳しく見ることにしましょう。表は同じく厚生労働省「労働力調査」からのもので、年齢別の正規雇用者数の推移を表しています。男女共に15-24歳については在学中の者を除いた数字です。1989年と1998年の15-24歳については、在学中の者を含

めた数字を元に、2008年の「在学中を除いた数／在学中を含めた数」の比と同じとみなして推計しています。在学中でかつ正規雇用される者はほぼいない（比は0.99）ので、表の数字は誤差のない水準だといえます。また、パーセントは同じ年のそれぞれの年齢層に属する人口で割った値です。

さて、表から分かる傾向は、平成の30年間で男女共に15-24歳の正規雇用者数は減少、25-34歳と35-44歳の層では男性は減少していますが、女性は増加に転じています。人口に対する割合は男性の15-24歳と25-34歳では減少し、女性の減少は15-24歳の層のみとなっています。15-24歳の層で男女とも減少しているのは、少子化に加え大学進学率の上昇が原因として考えられますが、大学（または大学院）進学率では25-34歳の男性の正規雇用者数の減少は説明できませんので、人口が減った影響に加え、若い男性の正規雇用が減少しているのだと判断できます。一方、女性の正規雇用は25-34歳、35-44歳の層で実数でも増加していますが、人口に対する割合は10%以上増加しています。男性の水準にはまだ及びませんが、女性の社会進出が進んでいる結果であるといえます。

正規雇用者数の年齢別推移

（単位：万人）

男性・正規	1989	1998	2008	2018
15-24歳	251	234	145	143
	26.1%	26.6%	21.4%	22.7%
25-34歳	635	730	610	495
	79.2%	79.6%	71.5%	73.3%
35-44歳	715	616	669	637
	72.4%	77.0%	73.3%	74.4%
45-54歳	533	678	530	639
	62.4%	69.4%	67.4%	70.8%
55-64歳	244	330	365	352
	35.8%	41.8%	39.2%	46.5%
65歳以上	26	45	44	72
	4.6%	5.3%	3.7%	4.7%
計	2,404	2,633	2,363	2,338

女性・正規	1989	1998	2008	2018
15-24歳	267	215	136	126
	29.2%	25.7%	21.1%	21.2%
25-34歳	250	343	306	297
	32.0%	38.4%	37.0%	46.0%
35-44歳	219	206	236	278
	22.4%	26.2%	26.4%	33.4%
45-54歳	212	257	203	262
	24.5%	26.2%	25.9%	29.5%
55-64歳	83	116	133	134
	11.4%	14.0%	13.8%	17.4%
65歳以上	12	21	26	39
	1.4%	1.8%	1.6%	1.9%
計	1,043	1,158	1,040	1,136

※厚生労働省「労働力調査（特別調査）から2月調査分（1989年、1998年）、及び「労働力調査（詳細集計）」から年平均」（2008年、2018年）より著者作成（単位：万人）。2008、2018年の15-24歳の集計については在学中の者を除く数値、1989、1998年については在学中の者を含む数値を2008年の傾向を用いて修正したものを示している。

出典）厚生労働省「労働力調査（特別調査）から2月調査分（1989年、1998年）、及び「労働力調査（詳細集計）」から年平均」（2008年、2018年）より著者作成。

　次に非正規雇用の特徴を見ることにしましょう。次の表も同じく「労働力調査」からのものです。1989年と1998年の15-24歳については修正（2008年の比率（男性0.49、女性0.58）を元に算出）を施しています。大きな特徴は男女とも平成の30年間で増加していることです。男性では25-34歳と55歳より上の層で実数、割合共に増加がみられます。55歳より上の層は定年後の再雇用等で増加したものと思われますが、25-34歳の層は正規雇用の減少との裏返しであると思われます。

　女性の非正規雇用者数はどの年代層でも大きな伸びがみられ、少子化による労働力の不足分が、この形態の雇用で埋められていることが伺えます。1,363万人という総数は女性の正規雇用者数（1,136万人）を超える水準となっています。結婚や出産などで一時期職場を離れた女性が再就職する際、時間のやりくりがし易い非正規で再雇用されることが多い、いう状況を示していると思われます。

非正規雇用者数の年齢別推移

（単位：万人）

男性・非正規	1989	1998	2008	2018	女性・非正規	1989	1998	2008	2018
15-24歳	32	54	58	38	15-24歳	39	76	75	57
	3.3%	6.1%	8.5%	6.0%		4.3%	9.0%	11.6%	9.6%
25-34歳	25	39	101	83	25-34歳	81	143	215	181
	3.1%	4.3%	11.8%	12.3%		10.4%	16.0%	26.0%	28.0%
35-44歳	23	18	61	65	35-44歳	204	201	289	307
	2.3%	2.3%	6.7%	7.6%		20.9%	25.5%	32.3%	36.9%
45-54歳	30	23	46	60	45-54歳	161	247	276	365
	3.5%	2.4%	5.9%	6.6%		18.6%	25.2%	35.2%	41.1%
55-64歳	62	66	140	145	55-64歳	63	122	236	284
	9.1%	8.4%	15.0%	19.2%		8.7%	14.7%	24.6%	36.9%
65歳以上	23	50	93	189	65歳以上	12	25	61	169
	4.0%	5.9%	7.8%	12.3%		1.4%	2.1%	3.8%	8.4%
計	195	250	499	580	計	560	814	1,152	1,363

※2008、2018年の15-24歳の集計については在学中の者を除く数値、1989、1998年については在学中の者を含む数値を2008年の傾向を用いて修正したものを示している。
出典）厚生労働省「労働力調査(特別調査)から2月調査分（1989年、1998年）、及び「労働力調査(詳細集計)」から年平均」（2008年、2018年）より著者作成。

　ここまでの考察をまとめると、平成の30年間で⑴雇用者総数は増加したが、正規雇用はほとんど伸びなかった。⑵増加分は非正規雇用で埋められた。⑶正規雇用は人口減少分、進学率の伸びで減少した分は女性の雇用で賄われたが、25-34歳の男性の正規雇用は減少した。⑷非正規雇用

の3/4は女性が占めている、ということがわかります。

1.3.所得と物価の水準はどう変化したか

　暮らしの水準を支えるものの1つとして、所得が挙げられます。私たちの所得はどのくらいの水準で、どのように変化してきたのでしょうか。

　グラフは2017（平成29）年の厚生労働省の国民生活基礎調査から、所得金額階級別世帯数の分布を示したものです。横軸は所得金額、縦軸は人数をパーセントで示しています。グラフの形が左右対称な釣り鐘型ではなく、右に裾の長い分布となっているのが特徴です。このような形は所得や保有資産額など、家計に関するデータにおける特徴の1つです。このような形のグラフになった原因は全体から見ると少数ですが、高額所得者によるものです。

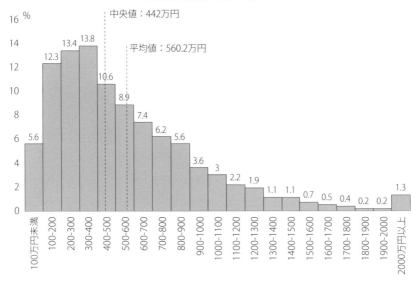

所得階級別世帯数の分布

出典）厚生労働省、国民生活基礎調査より

　また、平均値や中央値の傾向も特徴的です。平均値は560.2万円ですが、中央値は442万円となりました。中央値はすべてのデータ、この場合

は家計から調査した所得金額をその大きさで順番に並べて、ちょうど真ん中の順位となった数字のことです。また、グラフの中で割合の多い層は300万円から400万円の範囲でした。平均値よりも中央値や最も多い層（300〜400万円）の水準が、実感としては平均に近いと思われます。

　ところで、現在の所得水準は、平成の間、どのように変化してきたのでしょうか。次のグラフも同じく厚生労働省の国民生活基礎調査から、1世帯当たりの平均所得金額の推移を示したものです。世帯全体の他、高齢者世帯（65歳以上の者のみ、またはこれに18歳未満の未婚の者が加わった世帯）、児童のいる世帯、母子世帯と3種類の世帯についても推移を示しました。

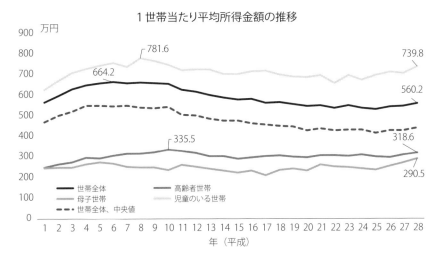

1世帯当たり平均所得金額の推移

出典）厚生労働省：国民生活基礎調査より作成

　グラフから、各種世帯は平成の初めの10年間では上昇傾向にありましたが、その後は低下傾向にあることが分かります。近年少しずつ上昇の兆しが見られますが、「給料が減った」「増えていない」という実感は統計でも示されているといえます。

　高齢者世帯はあまり変化が見られません。これは所得のほとんどが年金収入によるものだと思われます。もう1つ、社会全体の課題として考えなければならないのは母子世帯の所得水準の低さです。厚生労働省の調査では2016（平成28）年には123万世帯が母子世帯と言われています。

女性の正規雇用は増加しているとはいえ、大半は非正規であることが一因であると思われます。

一方で、物価の変化はどのようなものだったのでしょうか。1980年代後半から90年代初めのいわゆる「バブル経済」が破綻して、わが国の経済は「デフレ」が進んだとされています。

表は総務省統計局が発表している消費者物価指数から、総合、家賃、住居、保健医療、食料の各指標の推移を示したものです。調査された品目の価格を、2015（平成27）年を100として示したものとなります。

消費者物価指数の推移

	1989	1998	2008	2015	2018
総合	88.5	100.1	98.6	100.0	101.3
家賃	85.0	101.9	102.4	100.0	99.2
住居	83.7	101.7	101.5	100.0	99.6
保険医療	84.8	100.4	100.7	100.0	103.3
食料	83.2	94.6	93.9	100.0	103.9

出典）総務省統計局消費者物価指数より作成

表から、1989（平成元）年からの初めの10年間ほどは各物価とも10ポイントほど上昇しましたが、バブル経済が崩壊した結果が強く生活に影響しだした1998（平成10）年くらいからは、食料品以外はほとんど物価が変化せず、下落する、つまり「デフレ」現象が起きていたことが分かります。

所得と物価の変化からは、「良くも悪くもなっていない」状況が伺えます。これは女性の働き手が増えたおかげで所得水準が維持されている、と解釈することもできます。非正規雇用が増加したため、一人ひとりの所得水準は下落しているかもしれません。少子化による労働力不足が進めば、今後は給与水準が上昇に転じることも期待できますが、それに伴い物価も上昇する、というのが通常の経済学の考え方です。

1.4.長寿社会への暮らしの準備

　下の図は先ほど示した日本人男性・女性の平均寿命の推移のグラフに、定年年齢、年金支給年齢の推移を加えて示したものです。定年年齢は企業によりまちまちですので、これは一般的なものと考えてください。

　定年年齢は長く55歳の時期が続き、バブル経済期の辺りから60歳、さらに現在では65歳に引き上げられようとしています。厚生年金については定額部分といわれる部分になりますが、支給年齢は引き上げのタイミングが男性と女性で異なるものの、現在では共に65歳となっています（報酬比例部分についても今後65歳にまで引き上げられる予定です）。このように、定年年齢や厚生年金の支給開始年齢は平均寿命の延びと共に引き上げられてきましたが、定年年齢は遅れて引き上げられる傾向にあります。つまり、長期に渡る年金支払いは大変だから、支給年齢を引き上げる、さらに少子高齢化ということもあり、もう少し長く働きましょう、という環境へと変化しています。

　国民年金と平均寿命の関係も深刻です。長い期間年金がもらえていいな、と思われるかもしれませんが、それだけ国や年金制度を支える現役世代の負担が重くなる、ということを意味します。将来、制度が大きく変わることもあるかもしれません。

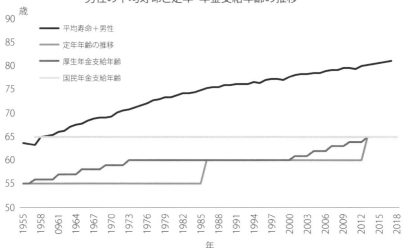

男性の平均寿命と定年・年金支給年齢の推移

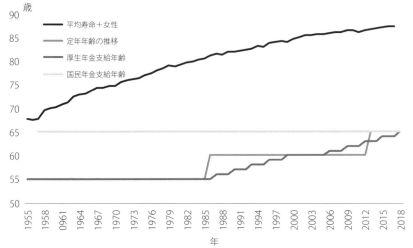

女性の平均寿命と定年・年金支給年齢の推移

社会保障の考えは、「自助」、「共助」、「公助」の３つの組み合わせと言われています。「自助」は自分で守るという意味で、民間保険、預貯金など、自分で予め準備をしておく、という考えです。「共助」は共に支え合うという意味です。社会保険制度がこれに相当します。「公助」は困った人を助けるという意味となり、社会福祉、公的扶助、公衆衛生などが相当します。

　高齢化に対応して共助、公助のウエイトは自然と高まります。肥大化する財政負担を少しでも抑えるために、政府は社会保障制度の改革を通じて、医療費の自己負担額の増加や年金の受給開始年齢の引き上げ、受給額の減額などの努力を行っていますが、現在の社会保障制度の条件が将来も同じである保障はありません。自ずと自助のウエイトが高まってくるというのが自然な予想です。

　これまでの日本は先進国にキャッチアップするための努力を行い、それにともなう高い経済成長がこれらの問題を解決していました。しかし、社会・経済の環境が変化した現在、現役世代の暮らし方や老後の生活について、特にお金の問題を私たち自身が自分の問題として考えなければなりません。

> ### *Column*　老後資金2,000万円問題
>
> 　2019年5月22日に金融審議会市場ワーキング・グループから「高齢社会における資産形成・管理」報告書（案）が出されました。
>
> 　この報告書によると、高齢夫婦無職世帯（夫65歳以上、妻60歳以上の夫婦のみの無職世帯）の月平均の収入は209,198円とあり、一方支出は263,718円となっています。つまり、毎月の不足分は54,520円となります。
>
> #### 高齢無職世帯の収入と支出（2017年）
>
>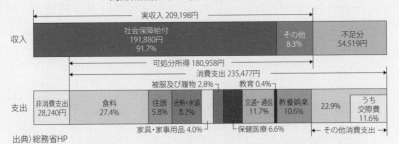
>
> 出典）総務省HP
>
> 　まだ20〜30年の人生があるとすれば、不足額の総額は単純計算で、
>
> 　　　54,520円×20年×12ヵ月＝13,084,800円
>
> 　　　54,520円×30年×12ヵ月＝19,627,200円
>
> となり、約1,300万円〜2,000万円になります。
>
> 　この金額はあくまで平均の不足額から導き出したものであり、不足額は各々の収入・支出の状況やライフスタイル等によって大きく異なります。いずれにしても長寿化に伴い、資産寿命を延ばすことが必要であり、その手段としての貯蓄から投資へのシフトを促すことが、この報告書の本来の目的でした。
>
> 　しかし、2,000万円という金額がクローズアップされ、「2,000万円も貯められない」、「公的年金だけでは老後の生活はできない」等の批判で炎上し、最終的にこの報告書は取下げられました。

1.5.ファイナンシャル・リテラシーの必要性

　老後の備えとして金融資産の保有やそのための金融知識の獲得が必要だということは説明してきましたが、実際はどのようになっているのでしょう。次ページの図は2018年末における日本、アメリカ、ユーロエリア主要国の個人金融資産の国際比較です。

　日本では家計の資産に占める現金・預金の割合が高く50％を超えていることが特徴です。対してアメリカは現金の割合が低く、逆に投資信託、株式等の有価証券の割合が高いことが特徴となっています。ユーロエリア各国はちょうど日本とアメリカの中間の傾向でしょうか。

　現預金はリスクがほぼゼロである安全資産と呼ばれるもので、元本割れの危険性がない代わりに他の金融資産と比較して収益性（金利）は低めであることが特徴です。しかし、これでは充分な資産を形成することができないかもしれません。最近の日本国内の金利は1999年以降、ほぼゼロ金利のまま推移しています。これでは預け入れたお金はまったく増えないことになります。日本人がよりリスク回避的な性格を持っているから、という解釈も可能ですが、金融資産に対する関心の低さが金融資産への投資をためらわせているのでしょう。

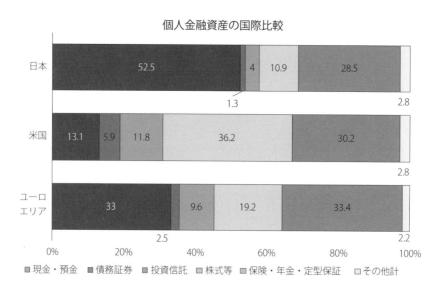

個人金融資産の国際比較

日本：52.5／1.3／4／10.9／28.5／2.8

米国：13.1／5.9／11.8／36.2／30.2／2.8

ユーロエリア：33／2.5／9.6／19.2／33.4／2.2

0%　20%　40%　60%　80%　100%

■現金・預金　■債務証券　■投資信託　■株式等　■保険・年金・定型保証　□その他計

出典）日本銀行調査統計局「資金循環の日米欧比較」2018年より

　仕事からの収入の加えて金融資産からの収入があれば、物質的にも精神的にも余裕のある生活が送ることができるはずです。国際比較をみる限りでは、欧米各国の家庭ではこうした努力が行われているようです。

　これまでにみてきたわが国の社会・経済環境を考慮すると、現在の生活、将来の老後の生活すべてを国や政府に頼ることはできません。少なからず自助努力が求められています。そのため、私たちは金融に関する知識（ファイナンシャル・リテラシー）を身につけて、年代に応じた資産形成を行う必要があります。

　まずは、賢い消費者となる勉強を始めましょう。消費者としての知識を身に付けて、収入と支出のバランスが取れるようになることが重要です。結婚や出産、住宅購入など人生の様々な場面で大きな支出が見込まれます。それらの知識を学ぶほか、準備として貯蓄を始め、余裕ができたら投資信託や株式などリスクのある資産にも挑戦してみましょう。また、社会保障制度や税金の仕組みも理解する必要があります。さらにキャッシュ・フロー表の作成を通じてライフプランを立ててみましょう。本書ではこうした私たちの生活における「お金」に関する話題を提供してゆきます。さあ、人生にかかわる「お金」のことについて一緒に学んでゆきましょう。

Column　投資は悪か？

　投資することをあまり良く思わない人がいます。

　若い学生や年配の方など、性別、年齢に関わらず、投資というものを否定される方はいらっしゃいます。働かずに金儲けなどケシカラン、働いて稼いだカネの方が尊いのだ、と。

　おっしゃりたいことはごもっともです。しかし、こう考えることはできないでしょうか。投資がなければ私たちの経済は成り立ちません。

　企業は投資をしなければ、利益を生むことはできません。

　企業が投資するために必要な資金の多くは私たちの預貯金や投資からきています。

　マネーゲーム的な投資行動が批判の対象になっていることは充分理解していますが、そこは区別して欲しい、というのが私たちの主張です。経済・社会は投資により活動しているのですから。

　また、こう考えられないでしょうか。

　高校を卒業して、専門学校や大学に進学することも、見方を変えれば立派な投資だと。時間と授業料という貴重な資源を費やしてでも、進学する理由は何でしょう。純粋に学問を究めたい、という人もいるかもしれませんが、多くの人は就職も含めて、将来の可能性を広くしておきたいからだと思います。これが投資でなくて何だというのでしょう。

　だから投資を成功させるためにも、しっかり勉強しなさいと学生に言っているのですが…

【参考文献】

鬼頭宏（2004）「江戸時代人の寿命とライフサイクル」『科学』岩波書店，第74巻12号，pp.1438-1442.

リンダ・グラットン，アンドリュー・スコット著，池村千秋訳（2016）『LIFE SHIFT 100年時代の人生戦略』東洋経済新報社.

第2章　金融消費者の知恵

　コロナ禍の影響でインターネットショッピングやキャッシュレス決済などのデジタル活用が拡大しました。こういったデジタル活用の拡大により、私たちの生活は便利になる一方で複雑化しています。

　この章では契約、悪質商法、クレジットカードといった金融消費者としての知恵について学びます。

2.1.契約とは

　私たちは毎日、生活に必要な商品やサービスを購入しています。日常、意識せずに行っている買い物という行為は、法律的には契約です。

　ですからコンビニでお弁当や飲み物を買うことも契約です。消費者が店員に対して購入したい物を提示し、店員が確認し双方の意思が合意したときに契約が成立します。

　契約は、私たちの個々の自由な意思に基づいて行われ、いったん契約したらそれを守る義務が生じます。

　当事者が合意すれば、それが口頭であっても契約は成立します。契約書は、合意の成立をはっきりさせ、契約の内容を確認し、保存しておくために作成するのです。

■契約と権利義務

　契約が成立すると、権利と義務が生まれます。

　商品の購入について、契約上の権利と義務を考えてみましょう。買い手は、商品の代金を支払う義務と商品を受け取る権利が、売り手は商品を引き渡す義務と代金を受け取る権利が発生します。これが売買契約成立によって発生する当事者の権利と義務です。普段はあまり意識していませんが売買契約はこのようになっています。

■契約の取消し

　契約は申し込みと承諾の意思が一致した時に成立し、互いに契約の内容を守らなければなりません。原則として、一方的に契約をやめることはできません。後悔することがないように、契約が成立する前にその内容や条件を十分に確認検討することが大切です。

　有効に成立した契約でも、次のような場合には、法律に基づいて契約を取り消すことができます。

- 詐欺や脅迫による契約
- 未成年者や判断能力がない人が行った契約
- 不当な勧誘による契約

■未成年者の契約

　未成年者（満18歳の誕生日の前日まで）が契約をするには、親などの法定代理人の同意が必要です。未成年者は社会的経験も浅く、利害を判断する知識や能力も十分とはいえないため、未成年者を保護するために設けられている規定です。未成年者が法定代理人の同意を得ないで行った契約は取り消すことができます。これを未成年者取消権といいます。

　取り消された契約は、初めからなかったことになります。この取消は、法定代理人が行うほか、未成年者も単独で行うことができます。

　ただし、以下の契約は取り消すことができません。

① 　お小遣いのように未成年者が処分を許された範囲内の額で支払った場合
② 　法定代理人があらかじめ営業許可をしている場合、その営業に関する取引契約
③ 　自分は成人に達している、親の同意を得ている、などと積極的に相手をだまして行った契約

■成年年齢引き下げ

　2022年4月から成年年齢が20歳から18歳に引き下げられました。これによって18歳以上であれば、スマートフォンの購入やクレジットカー

ド、ローンの契約などを単独で行うことが可能になりました。18歳と19歳の人に未成年者取消権がなくなることにより、消費者トラブルが多くなることの懸念があります。

事前に消費者トラブルの事例を知っておくことで、それに類する場面に遭遇した時に「怪しい」と気づき、トラブルを回避できます。

最新の消費者トラブルの事例を確認しましょう。

■クーリング・オフ制度

クーリング・オフ制度は、消費者が契約をしてしまった後で冷静に考え直す時間を与え、一定期間であれば無条件で契約を解除することができる制度です。

「クーリング・オフ」ができる取引は法律や約款などに定めてある場合に限られます。自分から店に出向いたり、自分から電話やインターネットで申し込む取引はクーリング・オフできません。通信販売にもクーリング・オフ制度は適用されません。

クーリング・オフが可能な期間は、以下の通りです。

クーリング・オフが可能な期間

取引形態	期間
訪問販売　（キャッチセールス、アポイントメントセールスなどを含む。）	8日間
電話勧誘販売	8日間
特定継続的役務提供 （エステティック、美容医療、語学教室、家庭教師、学習塾、パソコン教室、結婚相手紹介サービス）	8日間
連鎖販売取引　（マルチ商法）	20日間
業務提供誘引販売取引　（内職商法、モニター商法など）	20日間
訪問購入　（業者が消費者の自宅等を訪ねて、商品の買取を行うもの）	8日間

クーリング・オフの通知は、書面で行います。一般的には、はがきに書いて簡易書留などで郵送します。その際には、念のため手元にコピーを残しておきましょう。

2.2.悪質商法

■悪質商法とは

　人の弱みにつけこみ、言葉たくみに価値の無いモノを高額で売りつけるものです。その手口は様々で、ますます巧妙化しています。

「無料です」、「お金が儲かる」、「美しくなる」、などの甘い言葉に騙されないよう注意が必要です。

　自分は大丈夫だと思わないで、もしかしたら引っかかってしまうかもしれないと常日頃から注意をしておくことが大事です。

　もしもその状態に出くわしてしまったら、あいまいな態度でなく毅然とした態度で断りましょう。

主な悪質商法

名称	おもな販売方法と問題点
マルチ・マルチまがい商法	商品を購入し、自分もまた商品の買い手を探し、買い手が増えるごとにマージンが入り、自分の系列に加入者を増やしていくと大きな利益が得られるというもの。 販売者の成功話と違って売れない商品を抱え込む等問題が多い。
資格商法	公的資格を掲げて「講座を受ければ国家試験免除」と偽る。私的な資格を設け、「近く国家資格になる」等偽る。 電話勧誘が多く、あいまいに答えていたら契約したことになっていたこともある。契約取消の申出に応じない業者も多い。
キャッチセールス	駅や繁華街の路上でアンケート調査等と称して近づき、喫茶店や営業所に連れ込み、商品や役務の売買契約を結ばせる。
アポイントメントセールス	「景品が当たった」「あなたが当選した」「無料サービスします」「会ってお話したい」等と勧誘目的を隠して喫茶店や営業所に呼び出し、商品やサービスを売りつける。 その際、異性間の感情を利用したものを「デート商法」ともいう。
内職商法	「宛名書きで自宅収入を」「技術を身につけて高収入を」等と、広告やダイレクトメールで勧誘。材料や機械を売りつけたり、内職講習会と称して多額の受講料を取ったりする。 購入者は材料、機械を使って仕事をしても収入は得られず投資金が無駄になる。

出典）全国大学生活協同組合連合会「悪質商法一覧」より抜粋

■架空請求

　架空請求とは、実際に利用の事実がないにもかかわらず、あたかも有料サービスを利用したかのような文面のハガキやメールを送りつけ、金銭をだましとるものです。支払期限に猶予がなく、支払が無い場合には回収に押しかけるなどと不安をあおります。

◇対処方法

・請求の内容を冷静に確認し、証拠を保存する

　請求に驚いて、慌てて行動するのではなく、請求の内容をしっかり確認しましょう。実際に利用したかどうか冷静に判断します。

・請求元には問い合わせをしない

　不審な請求に対しては、相手に問い合わせをしないようにします。問い合わせをすることにより、自分の情報を与えることになり請求がエスカレートすることになりかねません。

・人に相談する

　自分ひとりで悩まないで人に相談しましょう。時間的余裕がない、また請求内容によっては人に相談しづらいかもしれません。こんな時には当事者でない人の判断は参考になります。相談する相手は身内だけに限らず、場合によっては地方自治体が設置している消費生活センター（全国共通電話番「消費者ホットライン」１８８）などを利用しましょう。

2.3.クレジットカード

　コロナ禍をきっかけにキャッシュレス決済の普及が進みました。キャッシュレス決済には、クレジットカード（後払い）、デビットカード（即時払い）、電子マネー（前払い）など「いつ払うか」の分類のほか、カード決済、スマホ決済など「なにで払うか」の分類など多種多様な手段があります。ここでは「後払い＝借金」であるクレジットカードについて取り上げます。

　クレジットカードの発行枚数は2億7,973万枚（2022年12月末）で成人1人当たり約2.6枚所有していることになります。その取扱高はショッピング93.8兆円（2022年、㈳日本クレジット協会）にのぼり、年々増加傾向にあります。

　今やわれわれの生活に欠かせないものとなっているクレジットカード利用は便利な半面、使いすぎによる消費の肥大化、安易なキャッシングによる借金の増大という事態になりがちなので注意が必要です。

■クレジットカードのしくみ

　クレジットとは「信用」を意味しています。消費者の信用をもとにカード会社との間に契約が結ばれクレジットカードが発行されます。このクレジットカードを使って、一定の条件でクレジットのシステムを利用することになります。消費者がカードを使って商品購入やサービスの提供を受けた場合は、カード会社が消費者に代わって、その代金を支払います。その後、契約に基づいて消費者はカード会社に代金を返済します。

　消費者は利用時に直ちに代金を支払うことはなく、カード会社に借金をしたことになります。

クレジットカードを巡る関係

クレジットカードにおけるそれぞれの利点

消費者 (カード会員)	・手持ちの現金がなくても商品が購入できる ・1回払いの場合、支払いが20 〜 70日ほど猶予される ・分割、リボルビング払いの場合、支払い能力に応じて月毎に定額を返済できる
販売業者 (加盟店)	・販売の機会が増える ・客単価の向上が望める ・顧客のデータを活用した販売戦略が取れる
カード会社	・加盟店から手数料を受け取れる ・分割、リボルビング払いの場合、会員から分割払い手数料が取れる

■クレジットカード利用時の注意
◇利用は計画的に

　テレビコマーシャルに流れているように、クレジットカードは計画的に利用しましょう。利用限度額、自分の支払い上限をしっかり確認し意

識することが大事です。

　クレジットは信用の上に成り立っているものです。支払期日をしっかり守らないと遅延損害金を支払うだけでなく、カードの利用が出来なくなってしまう場合も発生します。

◇クレジットカードを人に貸さない

　クレジットカードは、発行を受けた人しか使用できません。もし、人に貸してトラブルが発生した時に責任を取るのは名義人になります。

◇売上票の利用代金をしっかり確認、保管する

　利用時に渡される売上票は、しっかりと金額を確認してからサインしましょう。また、後日カード会社から送付される利用明細との照合も忘れないようにしましょう。

◇暗証番号は他人に知らせない

　カード会社や警察が、電話などで暗証番号の確認をすることはありません。暗証番号が利用された不正利用についての損害は名義人の負担となるので注意しましょう。

■支払い方法

　クレジットにはいくつかの支払い方法があり、利用時に選択することができます。カード会社と販売業者の契約内容や利用するクレジットカードによって異なります。自分に合った支払い方法を賢く選択しましょう。

◇一括（1回）払い

　商品等を購入した翌支払日に一括で支払う方法です。一般に手数料はかかりません。

◇ボーナス一括払い

　夏または冬のボーナス月に一括して支払う方法です。ボーナス月まで

支払いを延ばすことができます。ボーナスの支給時期、支給金額をしっかり把握しないといけません。

◇分割払い

商品等を購入した際に、支払回数を指定し、複数回に分けて支払う方法です。一般に2回払いでは手数料がかかりませんが、3回以上の分割払いでは、回数に応じた手数料がかかるので注意が必要です。

◇リボルビング払い（リボ払い）

月々の支払金額を一定額または残高に対する一定率に決めておき、その金額を支払う方法です。月々の支払額を一定にすることで家計管理がしやすい利点があります。しかし、毎月の支払額が増えないまま利用が可能なため、使いすぎを認識しづらくします。使い過ぎるといつのまにか残高が増え、延々と返済しなければならなくなります。

残高に対して年利15％前後の利息がかかるため、残高が多ければ利息も多くなり、毎月一定額の返済では利息のみの支払いとなり、元金がなかなか減らないという状況に陥るかも知れません。

10万円を元金定額で月々1万円のリボ払いを利用すると、返済するまでに約7,000円の手数料が掛かります。利用の際には、しっかりとした自己管理が必要です。

■クレジットカードでのキャッシング

クレジットカードを使って商品購入をするのではなく、クレジットカード会社から直接にお金を借りることをキャッシングと言います。現金をすぐ手にしたい人にとっては、とても便利なサービスです。

しかし、キャッシングを利用すると金利を負担しなくてはなりません。

少額を借りてすぐに返済している限り、金利負担はそれ程気になりません。返済が滞り、いつの間にか借入残高がかさむと金利負担が大きくのしかかります。

キャッシング枠は、クレジットカード会社との契約で設定するので管理できない、安易に利用してしまうという人はキャッシング枠「0円」

に設定し、利用できない仕組みにしておくことをお勧めします。

Column 磁気カードとICカード

　クレジットカード裏面に磁気ストライプと呼ばれる磁気テープが貼り付けられたカードを磁気カードと呼びます。一方、クレジットカード表面に1cm四方で金色や銀色に黒いラインの入ったシールのようなICチップが埋め込まれたカードをICカードと呼びます。

　磁気カードはスキミングという手法でカード情報が盗み取られ、偽造カードを作って悪用されるという犯罪の危険性が高いため、ICカードに移行しつつあります。

　しかし、磁気カードのほうが古くから普及しており、読み取り機も広く流通しているため、ICカードにも関わらず磁気ストライプ付というクレジットカードが多く存在しています。

2.4.ローンとは

　ローンとは、基本的に金融機関（銀行、信用金庫、信用組合など）で返済することを約束してお金を借りることです。不測の事態が発生した時や高額の商品を購入する時などに利用します。借入目的は、以下の表のように世代別に異なっています。

世代別借入目的

	医療費 災害復旧	教育費 結婚資金	住宅取得 増改築	生活資金	耐久消費 財購入	旅行 レジャー	金融資産 投資資金	土地建物 投資資金	相続税 対策	その他
20代	11.4	4.5	31.8	31.8	13.6	9.1	0.0	4.5	0.0	22.7
30代	7.0	7.0	56.0	16.5	13.0	7.0	3.5	6.0	1.0	17.5
40代	4.6	11.1	52.0	23.8	14.9	2.5	2.2	3.1	0.3	12.7
50代	3.8	13.1	50.8	18.1	15.0	5.8	1.9	4.6	0.4	16.9
60代	6.4	6.4	44.1	22.9	20.2	3.2	0.5	4.8	1.1	20.7
70代	4.6	4.6	26.4	24.1	12.6	5.7	3.4	6.9	2.3	29.9

3つまでの複数回答
出典）金融広報中央委員会「家計の金融行動に関する世論調査［二人以上世帯調査］(2021年)」

　ローンを組むということは、将来の収入を今使ってしまうことを意味します。まずは貯蓄などに励んで金融資産を蓄えることを念頭におくべきです。でも、ローンを組まなくてはならない時には、返済計画をきちんと考え、返済可能な範囲で借りるようにしましょう。

　ローンを借りる時には、利息を払ってまで購入する価値があるかどうかを吟味することが必要です。世代別借入目的の表では、住宅取得や耐久消費財購入の割合が高いことは納得できますが、旅行・レジャー、ましてや投資資金目的でお金を借りることには、慎重になるべきです。

　※ローンを大別すると次のようになります。

ローンの種類

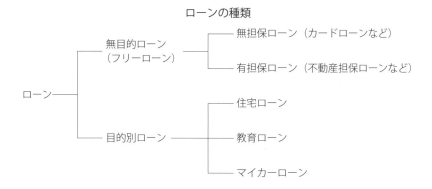

　それぞれ融資額や融資期間、金利などは金融機関によって異なります。金利は、一般的に無目的別ローンの方が目的ローンよりも高い傾向があり、担保の有無では、無担保のほうが高い傾向になっています。手軽に借りられるローンほど金利が高くなるのです。

　ローンは安易に借りるのではなく、しっかりとした計画のもとに利用しましょう。

2.5.消費者金融

　消費者金融とは、個人への無担保小口融資のことで、手軽に利用できることから約1,700万人が登録し、そのうち約1,000万人が利用しています。（2022年12月末、日本信用情報機構）

　特徴として以下のような点が挙げられます。

◇即時審査
　受付から審査・契約まで通常30分〜 40分程度

◇**多様な申込方法**

　店頭のほか、自動契約機、電話、インターネット、郵送など多様な申込

◇**多様な返済方法**

　店頭やATM、銀行振り込みや現金書留での返済

■貸金業法

　貸金業法は、消費者金融などの貸金業者や貸金業者からの借入について定めている法律です。1990年代初頭に起きたバブル経済崩壊後、自己破産件数が増加し、それと共に返済しきれないほどの借金を抱えてしまう「多重債務者」の増加が深刻な社会問題となったことから、2006年（平成18年）に法律が改正されています。

■貸金業法のポイント

◇**総量規制　借り過ぎ・貸し過ぎの防止**

　借入残高が年収の3分の1を超える場合、新規の借入ができなくなりました。借入の際に、「年収を証明する書類」が必要になります。

◇**上限金利の引き下げ**

　法律上の上限金利が借入金額に応じて15%〜20%に引き下げられました。

◇**貸金業者に対する規制強化**

　法令遵守の助言・指導を行う国家資格のある者（貸金業務取扱主任者）を営業所に置くことが必要になりました。

■借入金返済の利息

　300万円を年利12%、返済期間180ヵ月（15年）、元利均等返済で借入れた場合、毎月々の返済額は、36,005円になります。支払利息総額は、元金を上回る3,480,900になります。

　このような借入れをすると、日常生活に支障が生じることが考えられます。資金計画をしっかりし、安易な借入はしないと肝に銘じましょう。

Column　多重債務

　複数の貸金業者から借金をし、その返済が困難になっている状態を言います。2023年3月末に消費者金融5社以上の利用者は約12.1万人になっています。(金融庁　多重債務者対策をめぐる現状及び施策の動向より)

　安易なキャッシングをしてしまい返済が滞り、他の金融機関から借り入れですでにある借金の返済に充てる行為を繰り返し、利息の支払いがかさみ借金が雪だるま式に増え続けます。

　多重債務状態に陥ると個人での解決は極めて困難となり、弁護士を介して債務整理や裁判所による自己破産手続きを受けるケースが多くなります。

練習問題

❶クレジットカードのメリット・デメリットをまとめてみよう。

❷悪質商法にだまされないためには、どういう心構えが必要か、話し合ってみよう。

第3章　時間の価値〜金利の計算〜

　前章ではローンの仕組みなどについて学びましたが、この章では住宅ローンや自動車ローン、預金時の元利金計算など、具体的な金利の計算方法について学びます。

3.1.時間の価値

■時は金なり

　突然ですが、質問です。今すぐ100万円もらえるのと、1年後に100万円をもらえるのであれば、どちらを選びますか？

　もちろん今すぐ100万円をもらう方を選びますね。

　当たり前と思うかもしれませんが、皆さんは無意識に今すぐの100万円と1年後の100万円では価値が異なること、つまり、

今すぐの100万円＞1年後の100万円

を理解しているからです。

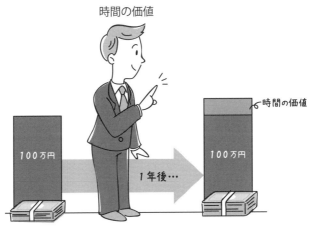

時間の価値

多めにもらえるなら、１年間待ってもいい、と考える人もいるでしょう。多めにもらうことが、今すぐ100万円もらうのと同じくらいに魅力的だとすると、これは等式で表現できるはずです。つまり、

$$今すぐの100万円＝１年後の100万円＋\alpha$$

となります。この α が１年間という「時間の価値」にほかなりません。「時は金なり（Time is money）」とは科学者にして政治家、そしてアメリカ建国の父と讃えられるベンジャミン・フランクリン（1706-1790）により広まった言葉です。時間は貴重であるものだから、無駄に過ごしてはいけない、という意味ですが、お金の世界ではまさに「時間＝お金」です。時間の価値を具体的に金額として表すための道具が「金利」です。

金利は通常、期間当たりの割合、パーセントで示されます。銀行預金の金利、住宅や自動車、消費者ローンの金利も同様です。金融機関の店頭でこれらの金利を知ることができます。また、インターネットを使えば、全国の各金融機関が設定している金利をほとんど見ることができます。

また、資産運用の結果も利回り、収益率など金利の形で表現することも多く、本書では大切な概念の１つとなります。

3.2.金利の変動要因

同じ時間の価値であるのに、時期により、また内容により金利が異なるのはなぜでしょう。これは、主に(1)全体として、景気の変動に合わせて変化する部分と、(2)借り手の信用度により変化する部分がそれぞれ変化しているためです。

■景気と金利

景気が良くなると、消費や投資が増え、物価が上昇します。いわゆるインフレ（インフレーション）です。同時に、お金の需要も増えるので、お金のレンタル料としての金利も上昇します。また、物価の上昇が行き

過ぎないように、中央銀行（日本では日本銀行）が金融引き締め政策を行い、金利の上昇を誘導することもあります。

　逆に景気が悪くなると、消費や投資が冷え込むので、モノが売れなくなり、物価が下がります。いわゆるデフレ（デフレーション）です。お金の需要が減るので、金利は低下します。景気を刺激するために中央銀行が金融緩和政策を採り、金利の低下を誘導することもあります。物価が下がった方が安く買い物ができて良いのではないか、と思うかもしれませんが、

　　　　　安くしか売れない→店の売上（利益）が減る→給料が減る
という流れになるので、あまり良いとは言えませんね。

■信用度と金利

　ここでの「信用」とはお金の貸し借りに関する信用です。お金を借りている途中で支払う利子や、満期で返済する元本の支払いに関する信用となります。お金を貸す側からすれば、相手の信用が高いほど、利子や元本の支払いに関して確実性が高い、ということですので、低い金利で貸してもいい、ということになります。逆に信用が低いと高い金利を負担しないと借り手はお金を借りることができない、ということになります。

■名目金利と実質金利

　先ほど出てきた「インフレ」に関して、「インフレ率」という用語があります。インフレ率とは物価の上昇幅のことです。例えば、今年のインフレ率が２％である、といった場合、去年まで100円だった商品は今年102円に値上がりしている、ということになります。

　お金を預けて、金利を得たとしても、その間にインフレが進んでしまえば、物価の値上がりの分だけ受け取る金利の価値が落ちてしまいます。これを調整したものを実質金利と呼びます。これに対し私たちが普段目にする金利を名目金利と呼びます。例えば、金利が３％でインフレ率が２％なら、実質金利は１％となります。

　仮にインフレ率が2％伸びても、金利や給与の伸びがそれ以下であれば、生活は苦しくなる、ということを意味します。資産運用の結果や給与の伸びだけではなく、インフレ率にも注意して下さい。

■長期金利と短期金利

　1年以上貸し出しに対する金利を長期金利、1年未満の貸し出しに対する金利を短期金利と呼んでいます。短期金利は銀行預金の金利の目安に、また長期金利は住宅ローン金利の目安になっています。一般に長期金利の方が短期金利よりも高い水準になっています。

3.3.金利の計算

■1年で元利金合計はいくらになる？

　まずは金利の計算の基本から始めましょう。10万円（この元手となる資金のことを元本、あるいは元金と呼びます）を年3％の金利で1年間預けると、1年後の元本と受け取る利子の合計（元利金合計）は、

$$10万円＋10万円×0.03＝103,000円　　　(1)$$

となります。3％は％の単位を付けないならば0.03となります。ここで、(1)式を変形させると、

$$10万円×(1＋0.03)＝103,000円　　　(2)$$

となります。つまり、元利金合計は、

$$元本 \times (1+金利) = 元利金合計$$

と表現することができます。

■複利計算

さて、同じ条件（元本10万円、金利年3％）で2年間預けた場合の2年後の元利金合計はいくらになるでしょう。

先の例で年間3千円の利子が付いたのだから、2年分で3千円×2＝6千円、つまり元利金合計は10万6千円、とするのはある意味正しいのですが、間違っています。

定期預金をイメージするとわかりやすいのですが、1年後に付いた利子3千円を引き出して、10万円とし、もう1年間預ける、ということは普通しませんよね。得られた利子もそのまま残して1年間預けるはずです。つまり、2年目の元本は10万円ではなく、10万3千円となります。元本が増えているのだから、その分だけ2年目に得られる利子も増えるはずです。したがって、2年後の元利金合計は、

$$10万3千円 \times (1+0.03) = 106,090円 \qquad (3)$$

となります。このように前年度に得た利子がさらに利子を生むことを複利と呼び、この計算を複利計算と呼びます。これに対して毎年3千円ずつの利子が付く、という考え方を単利と呼んでいます。

さて、(3)式に(2)式を代入すると、(3)式は、

$$10万円 \times (1+0.03) \times (1+0.03) = 106,090円$$

となります。これをまとめると、

$$10万円 \times (1+0.03)^2 = 106,090円$$

と表すことができ、2年間ならば「1＋金利」の2乗を元本にかけてあげればよいことが判りました。これを一般的に表せば、

$$元本 \times (1+金利)^{期間} = 元利金合計$$

となります。元本に運用期間分の「1＋金利」を繰り返しかける、いわゆる「べき乗」であることを意味しています。

　ちなみに、単利の計算を一般的に表せば、

元本×（1＋金利×期間）＝元利金合計

となります。今の例ですと、

10万円×（1＋0.03×2）＝106,000円

となります。

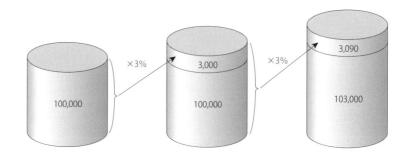

■複利の効果

　今の例では「なんだ、たったの90円か」と思う人もいるかもしれません。しかし、ちりも積もれば山となる、ということわざの通り、複利の効果（影響）は金利の水準と年数が経つほど大きくなります。

　次ページの図は元本10万円を年3％と6％の金利で25年預け入れをした場合の単利と複利の違いを示したものです。

　金利3％の場合、25年後の元利金合計は単利で17万5,000円、複利で20万9,378円と3万4千円ほどの違いが生まれます。さらに金利6％の場合では、25年後の元利金合計は単利で25万円、複利で42万9,187円と18万円近くの差が生まれてしまうのです。

　複利計算は預金や運用結果を考える時に重要ですが、私たちの暮らしを考える場合には、ローンによる支払い時に重要なポイントになります。

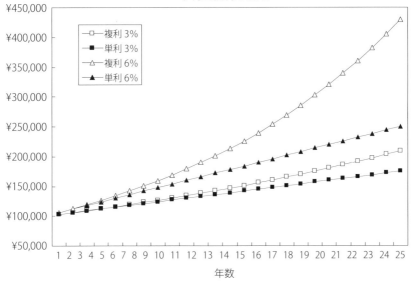

単利と複利の効果

凡例:
- 複利 3%
- 単利 3%
- 複利 6%
- 単利 6%

年数

Column　72の法則

　金利の計算って難しいですよね。ところが、面倒な複利計算を簡単に近似させる方法として「72の法則」というものが知られています。

　72を金利で割ると、預けた資金が倍になるまでの期間（年数）が分かる

　例えば、100万円を年3％で預けるとすると、税金を無視して元本が200万円になるには72÷3＝24年かかる、ということになります。確認のため、公式に入れて計算すると、

$$100万円 \times (1+0.03)^{24} = 203.28万円$$

と、ほぼ同じ結果が得られていることが分かります。

　ただし、消費者ローンのような比較的高い金利では誤差が拡大します。この計算方法はあくまで概算を出すためのものと考えてください。

■スマートフォンの電卓アプリを使って計算しよう

　さて、複利計算の一般式は、

$$元本 \times (1+金利)^{期間} = 元利金合計$$

ということでした。例えば、1万円を年3％の金利（年1回利払い）で5年間預けた場合の5年後の元利金合計は、

$$=10,000 \times (1+0.03)^5 = 11,592.74$$

となります。

　みなさんの身の回りにある電卓では、

$$=10,000 \times 1.03 \times 1.03 \times 1.03 \times 1.03 \times 1.03 = 11,592.74$$

　というキー操作です。「×1.03」を電卓で繰り返し入力するのは面倒です。これが電卓ではなく、スマートフォンの電卓アプリなら、もっと簡単に入力、計算することができます。

　例えばiPhoneには電卓アプリが標準で用意されていますが、画面を横向きにすると、関数電卓となります。Androidのスマートフォンも機種を問わず電卓アプリがインストールされています。また、多くの電卓アプリが無償、あるいは有償で公開されていますので、これらをインストールして利用する方法もあります。

iPhone の電卓アプリ

　図はiOS11からのデザインですが、それ以前のバージョンでも同様の機能があります。関数電卓機能のある電卓アプリですと、画面に$\boxed{X^y}$というキー、または$\boxed{\char`\^}$（「ハット」と読みます）というキーがあります。例えば、「1.03」と入力してから、$\boxed{X^y}$（または$\boxed{\char`\^}$）キーを押し、さらに「4」と入力すると、1.03の4乗の計算となります。

　パソコンのOSに附属の電卓アプリでも可能です。例えば、Windowsの電卓アプリも機能を「関数電卓」に切り替えることで、「$\boxed{X^y}$」キーの付いた関数電卓として使うことができます。

　例えば、先ほどの例（1万円を年3％の金利（年1回利払い）で5年間

預けた場合の5年後の元利金合計）であれば、

キー操作	計算
$\boxed{1}\boxed{0}\boxed{0}\boxed{0}\boxed{0}$	10000
$\boxed{\times}$	×
$\boxed{1}\boxed{.}\boxed{0}\boxed{3}$	1.03
$\boxed{X^y}$	
$\boxed{5}$	の5乗
$\boxed{=}$	=

で答え（約11,593円）を得ることができます。

Windows10に附属の電卓アプリ

電卓		— □ ×

≡ 関数電卓 ⟳

0

DEG	HYP	F-E		
MC	MR	M+	M-	MS	M˅
x^2	x^y	sin	cos	tan
√	10^x	log	Exp	Mod
↑	CE	C	⌫	÷
π	7	8	9	×
n!	4	5	6	−
±	1	2	3	+
(	)	0	.	=

Column　定数計算

実は、スマートフォンでなくても、多くの電卓では、キー操作でもう少し簡単にべき乗の計算をすることができます。決まった数字を連続して計算する機能、定数計算という機能を利用します。

これまでと同じ例題（1万円を年3％の金利（年1回利払い）で5年間預けた場合の5年後の元利金合計）ですと、

　　　　1.03×10,000＝＝＝＝＝11,592.74

あるいは

　　　　1.03××10,000＝＝＝＝＝11,592.74

3.4.ローンの計算をしてみよう

■ローンの返済方法と元利均等返済の例

　ここまで金利の計算では、預けたお金がどのように増えるのかを見て
きましたが、その応用として、ローンの計算をとりあげてみます。

　ローンの返済方法には、

1. 元利均等返済：毎回の返済額を一定とする方法
2. 元金均等返済：毎回の返済額のうち、元金（元本）の返済額部分が
   毎回一定となる方法。元金部分は一定額ですが、金利分は返済の度
   に変化するので、毎回の支払額が異なるのが特徴

という2つの方法があります。

　2,500万円の住宅ローンを30年（360回の月払い）、金利年3％で購入す
る例を用いて、元利金等返済で返済する場合を少し面倒ですが、電卓で
計算してみましょう。

【元利均等返済の公式】

$$返済額＝\frac{借入額 \times 金利 \times (1＋金利)^{返済回数}}{(1＋金利)^{返済回数}－1}$$

　ここで、金利は返済回数に合わせて修正したものを用います。例えば、
毎月返済であれば、年金利3％なら、$3 \div 12 = 0.25\%$（0.0025）とします。
一気に計算するのは大変なので、分子と分母を分けて計算してみましょう。

【分子の計算】

$$2500万円 \times 0.0025 \times (1＋0.0025)^{360} ＝ 15.35526万円$$

$(1＋0.0025)^{360}$の部分は関数電卓の機能を使います。具体的には、

キー操作	
1.0025	1.0025
x^y	の360乗
360	
×	×
2500	2500
×	×
0.0025	0.0025
=	=

という操作になります。次に分母の計算です。

【分母の計算】

$$(1+0.0025)^{360}-1=1.45684$$

となります。キー操作については省略します。最後に分子の答えを分母の答えで割って、

$$毎月の返済額=\frac{15.35526\,万円}{1.45684}=10.5401万円$$

つまり、10万5,401円となります。

　自動車ローンのように24回払いや36回払いですと、通常の電卓でも掛け算の繰り返しでもなんとか計算できそうです。しかし、30年ローンですと返済回数は12×30＝360となり、関数電卓の機能がないと、「×1.0025」を360回も繰り返さなくてはなりません。

　ちなみに、元金均等返済の場合は、元本部分は一定額ですが、金利部分は毎回返済額が異なるため、N回目の返済額を求める公式となります。

$$N回目の返済額=\frac{借入額}{返済回数}+\left(借入額-\frac{借入額}{返済回数}×(N-1)\right)×金利$$

となります。

■表計算ソフトを使ったローン支払いの計算

　みなさんがコンピュータを利用できる環境にあるのでしたら、表計算

ソフトを利用してローン支払いの計算をすることもできます。ここでは
マイクロソフトのエクセルに実装されている財務関数の機能を使った例
を紹介します。

◇元利均等返済の場合

　元利均等返済の場合の毎回の返済額は、PMT関数というもので求めら
れます。式の使い方は、月末払いの場合であれば、

　　　＝PMT（金利, 回数, 元金）

です。金利は年金利を返済の頻度で調整します。例では毎月返済なので、
電卓での例と同じく３％を12で割っておきます（0.03/12、「/」は割り算
の記号です）。回数は返済回数（360）、元金（25000000）と入力すると、答
えとして毎回の支払額が表示されます。

　　　＝PMT（0.03/12, 360, 25000000）

　表記にはマイナスが付きますが、これは支払いを意味します。つまり、
この例では毎回10万5,401円支払うことになります。電卓を使った例と
同じ結果が得られました。

　ちなみに支払総額は返済回数の360を掛けて、105,401円×360＝
37,944,360円となります。

元利金均等返済の計算例

◇元金均等返済の場合

　元金均等返済は元本に対する支払が毎月均等に行われますので、元本に対する支払額は、何回目の返済であるかに関わらず、2,500万円÷360＝6.94万円となります。次に利子に対する支払ですが、これを求めるには、ISPMT関数を用います。

　元金均等返済のうち、金利部分

　　＝ISPMT(金利, 回, 回数, 元金)

カッコの中の設定は先のPPMT関数やIPMT関数と同じです。

　このように、表計算ソフトの関数機能を使うとローン支払いの計算がすばやく、簡単にできます。

　この他、インターネット上で返済額が計算できるサイトや、スマートフォン用のローン計算アプリなどもありますので、こうしたものを利用するという手もあります。

Column　貯蓄も早く始めよう

金利のチカラは期間が長くなるほど効果を発揮します。定期的に一定額の積み立てをおこなった場合の元利金合計は、積立額をXとすると、

$$元利金合計 = X \frac{(1+金利)^{期間} - 1}{金利}$$

で求められます。

　例えば、大学を卒業した22歳から60歳までの38年間に毎月1万円ずつ積み立てた場合、積み立てた金額合計は38年×12か月×1万円＝456万円になりますが、これ

が年利2％で運用されていれば、

$$1万円 \times \frac{(1+0.02/12)^{38 \times 12}-1}{0.02/12} = 682万円$$

にもなります。

　一方、41歳から60歳までの19年間で毎月2万円積み立てた場合でも、積み立てた金額合計は456万円ですが、同じく年利2％で運用されるとすれば、

$$2万円 \times \frac{(1+0.02/12)^{19 \times 12}-1}{0.02/12} = 554万円$$

にしかなりません。できることなら、貯蓄は早いうちから始めましょう。

練習問題

❶新聞やインターネットで各種金融機関の預金金利の水準を調べてみよう。また、ローン金利の水準も調べてみよう。

❷住宅を新築する際に、銀行から年2.5％で1500万円借りた。20年ローンを元利金均等払いで返済する場合、毎月の支払額はいくらになるだろう。また、支払総額はいくらになるだろう。

第4章　リスクとリターン

　資産運用を行うにあたって、最も気になるのはその成果であるリターンと、運用に伴うリスクの程度でしょう。この章ではリターンとリスクを定義し、資産運用におけるリスクに対する考え方を学びます。前半ではリスク全般に関して、後半では資産運用のリスクとリターンについて学びます。

4.1.リスクとは何か

「リスク」と聞いてみなさんはどのようなイメージを持ちますか？事故で怪我をしたとか、修理代に30万円かかってしまった、などのような事をイメージするのではないでしょうか。また、地震や台風、大雨、大雪などの自然災害をイメージする方が多いのではないでしょうか。辞書を見ると、リスクとは(1)予測できない危険、(2)保険で、損害を受ける可能性（大辞林）とあり、一般的にリスクとは、

偶発的に危険が生じ、物理的、経済的な損失を受けること

と認識されているようです。

4.2.リスクへの対応〜リスクマネジメント〜

　身の回りで考えられるリスクに対して、みなさんはどのように準備、対応していますか？すぐに思いつくのは、自動車保険や医療保険など、保険に加入するというものです。しかし、ここではもう少し広い視点に立ってリスクへの対応、「リスクマネジメント」を考えてみたいと思います。リスクマネジメントとは、リスクについて認識・評価し、リスクの

発生を回避、軽減させ、リスクが発生した場合には発生する損失をできるだけ少なくすることを意味します。リスクマネジメントには、「リスク・コントロール」と「リスク・ファイナンシング」とに分類できます。

リスクマネジメントの分類

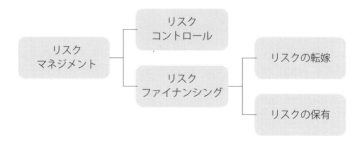

■リスク・コントロール

リスク・コントロールはリスクそのものを小さくする、損失の発生頻度や影響を軽減させることを目的とします。手法としては、リスクの回避、損失の防止と削減、リスクの分離や分散といったものがあります。

例えば、健康に関するリスク・コントロールとしては、病気にならないよう食事や睡眠に気を配る、適度な運動を心掛ける、予防接種や定期的な健康診断の受診などがあります。

また、自動車運転に関するリスク・コントロールとしては、交通事故を起こさないよう交通ルールを守る、安全運転を心掛ける、などがあります。近年増加している衝突回避目的の自動ブレーキ、こうした技術開発も自動車事故というリスク・コントロールへの取り組み例といえるでしょう。

さらに自然災害に対するリスク・コントロールであれば、土木工事を中心とした防災に強い街づくりなどのハード面、予報や予知の精度を上げる、避難訓練などのソフト面での被害の規模や影響を抑える取り組みをあげることができます。

■リスク・ファイナンシング

リスク・ファイナンシングはリスクの発生による経済的損失を軽減することです。手法としては、リスクの転嫁と保有があります。

転嫁はリスクを他に移転することです。損害保険や生命保険など、各

種の保険に加入するのは、リスクが生じた際の経済的損失に対して備える、リスクの転嫁に相当します。

　保有とは、経済的影響を自ら負担することです。病気やケガの治療費に備えて貯蓄することはリスクの保有に相当します。例えば、季節の変わり目に風邪をひいた、というくらいでは保険に入る人は少ないと思われます。リスクの発生による経済的損失が受け入れられる程度であれば、リスクを保有する、という選択肢もあるといえます。

4.3.純粋リスクと投機的リスク〜資産運用におけるリスクとは

　私たちの生活の中には、大きく分けて「純粋リスク」と「投機的リスク」という2種類のリスクがあります。それぞれのリスクの特徴とリスクへの対応策について考えてみましょう。

■純粋リスク

　これまでに見てきたリスク、すなわち、地震や台風、大雨などの自然災害や火災や事故、あるいは病気やケガなど、リスクが生じた場合、損害、損失のみが発生してしまうタイプのリスクは「純粋リスク」と呼ばれています。「静態的リスク」ともいいます。

　一般的に純粋リスクへの対策に「保険」があります。保険という制度は、この純粋リスクをどのようにカバーしたらよいか、と人類が知恵を働かせて生まれたものだといえます。保険について詳しくは第9章で学びます。

■投機的リスク

　もう1つのリスクは「投機的リスク」と呼ばれるものです。ビジネスや投資の分野で意識されるリスクです。予想よりも価格が下がって損失が出ることは、もちろんリスクとして認識されますが、一般的には、

リターンの「ぶれ」の程度をリスクの大きさ

と定義します。

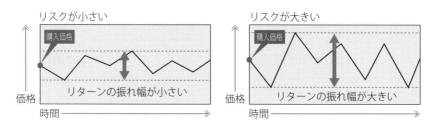

　投機的リスクは為替変動のような経営環境の変化、企業活動の良し悪しにより生じます。このリスクが生じた場合、損失だけではなく、利益が生じる場合があります。そのため「動態的リスク」ともいわれます。

　投資におけるリターンとその「ぶれ」（＝リスク）の様子を具体的な資産を例にとって確認してみましょう。次ページの図は1987年から2022年にかけての10年物の国債金利と東証株価指数（TOPIX）の年次収益率を比較したものです。国債金利はその年の年末に発行された10年国債の利回り、TOPIXは年初に購入し、年末に売却したとみなして収益率を計算しています。

　国債の金利は年によって違いはありますが、この期間では最大で6.619％、最小で−0.015％と大きなリターンは期待できないものの、マイナスでもごく僅かで、「ぶれ」が小さい、すなわちリスクが小さいことを示しています。一方、TOPIXではリターンが年により大きく変動していることが分かります。この間、プラスになった年は21回、マイナスになった年は15回あります。50％以上の上昇をする年があれば40％近く下落する年もあり、「ぶれ」が大きいことが分かります。また、4年続けてプラスになることもあれば、3年続けてマイナスになるなど、パターンは一定ではありません。このことは、リスクが大きいことを示しています。

　TOPIXに代表される株式は日々価格が変動していて、時には急騰、急落(暴落)することがあります。株式はリスクが大きい代わりに、高いリターンを得る可能性がある投資対象です。

　一方で、国債は国が倒産（破綻）しない限り、購入時に約束した金利が付きます。金利は同じ金額を株式に投資したときに得られる利益に比べると、わずかな額かもしれません。つまり、国債はリスクが低い代わりに低いリターンに留まる投資対象です。

国債と株式の収益率（リターン）比較

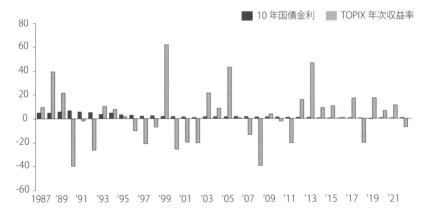

■ 10 年国債金利　■ TOPIX 年次収益率

出典）国債金利は財務省国債金利情報、TOPIXは日本取引所グループHPより取得

Column リターンとは

　この章ではリスクを中心に学んでいますが、「リターン」についても定義しておきましょう。「リターン」とは投資などからの収益を意味します。例えば、ある資産に対し50万円の投資を行い、1 年後に80万円となって戻ってきた場合、

$$80万円－50万円＝30万円$$

と金額で表現できますが、投資額に対する収益率の形で表現することもできます。すなわち、

$$\frac{80万円－50万円}{50万円}=0.6$$

つまり60パーセントの収益率という表現のしかたです。
　パーセントを使うと便利なことを別の例で説明しましょう。2 つの投資から同じ1 万円の利益が出たとしましょう。一方は元手が10万円なのに対し、他方は100万円だった、としたら、前者は10％の収益率、後者は 1％の収益率となります。パーセントで表現すると、投資規模の違いによる影響を除いて比較できるので、投資の効率性を判断する際に便利です。

　ビジネスにおいても同様に、新しい分野への参入、新しいアイデアで商品化する、といったことは成功した場合には大きな利益（リターン）を会社にもたらしますが、失敗した場合はそこまでにかかった費用が損失（リスク）になってしまいます。しかし、損失を恐れ、チャレンジが行われない場合、利益が得られない可能性もあります。

第
4
章

リスクとリターン

このように、ビジネスや投資においてはリスクとリターンの間にはトレードオフ（片方を優先すれば、他方をあきらめざるを得ない状態）の関係が存在します。高いリターンを望むのなら、高いリスクを負わなければならない、逆にリスクを避けたいのであれば、低いリターンで満足しなくてはならないのです。

投資におけるリスク・リターンの関係

ハイリスク
ハイリターン

ローリスク
ローリターン

さて、こうした投機的リスクへの対策に保険のような仕組みはあるのでしょうか。残念ながら、保険は使えません。保険でカバーできるのなら、世の中の経営者、投資家は全員無茶なことをすることでしょう。その代わり、会社の活動や投資の意思決定により生じるリスクですので、ある程度、そのリスクを認識し、計測することが可能です。認識、計測されたリスクの大きさに応じて、そのリスクに対する手段が採択され、実行されます。例えば、為替予約や通貨先物、通貨オプションなどの利用は、輸出入時の為替変動のリスクを抑える目的で用いられます。

経営戦略や財務、法務、監査など会社の中でのいくつかのセクションは、このような投機的リスクを管理する仕事ともいえるでしょう。

　「投資」という言葉と並んで「投機」という言葉もニュースなどで見聞きすることがあるかと思います。投資と投機の違いとはなんでしょう。

　企業は事業のために集めた資金を使って様々なモノを購入し、これを用いて経営活動を行い、利潤を得ます。投資とは、資産へお金を出すことを意味し、長期にわたって利益を生み出すものに資金を投じ、そこから利益を得ることを意味します。

　一方、投機は機会、すなわちチャンスにお金を出すことを意味します。価格変動を利用して短期的に利益を得る行為を指します。

　投機にはあまり良いイメージを持たない人も多いかもしれませんが、実は市場には投機を行う人達、投機家は市場の流動性（取引の活発さ）を維持するためには必要不可欠な存在です。

4.4.資産運用における投機的リスクの分類

　資産運用時に意識すべきリスク、投機的リスクは、細かくみるといくつかの種類に分けることができます。以下に代表的なリスクをまとめてみました。

◇市場リスク

　投資した資産の価格が変動するリスクです。景気変動、金利の変化、インフレの進行などにより市場全体が影響を受けることを意味します。個々の企業の経営状況による価格変化は後述する分散投資で減らせるリスクですので、市場リスクとは分けて考えます。

◇為替変動リスク

　外国の資産へ投資している場合、外国通貨を基準にすると利益が出ているのに、為替レートの変動により円に換算した時に元本割れをしていることがあります。これが為替変動リスクです。逆に為替レートが投資した時よりも円安になっていれば、運用によって得られた利益の他に、為替差益を得ることもできます。

◇信用リスク

　企業が借入をしている場合に、元本と利子を返済、支払うことができ

るかどうかに関するリスクを信用リスクと呼んでいます。債券投資や金融機関による貸付で重要視されるリスクです。

◇流動性リスク

売買の容易さに関するリスクです。ある資産を購入したくても売り手がいない、あるいは購入できても、希望した価格で購入できない。逆に手持ちの資産を売却したくても買い手が付かない、売却できても希望した価格で売却できない、というものです。

このようなリスクはそれぞれが単独で生じることもあれば、絡み合って生じていることもあります。

4.5.金融商品のリスクとリターン

本書では第5章以降で株式、債券、投資信託などの金融商品の仕組みを学びますが、代表的な投資対象とそのリスク、リターンを確認することにしましょう。

◇預貯金

第3章でも説明したように、銀行や信用金庫、郵便局（ゆうちょ銀行）などの金融機関にお金を預け、金利（利子）を得ることです。金融機関が破綻しない限り、利子支払いは行われるので、リスクは小さいですが、代わりにリターンも最も低いものとなっています。

◇債券（国債、社債）

国や企業が投資家から借入をする証書として発行するものです。通常、金利に若干の上乗せをした利子を支払います。国が発行する債券を国債、企業が発行するものを社債と呼びます。国や企業が倒産しない限り利子支払いと借入金の返済は行われるのでリスクは比較的小さくなります。国よりも企業の方が倒産のリスクを持っているので、その分、社

債のリターンが高い傾向にあります。詳しくは第6章で説明します。

◇株式

　株式は投資家に出資してもらう形で資金を調達するために、企業の所有権を小口に分割して売却したものです。企業の業績に応じて株式の価格（株価）が変動するので、債券に比べてリスクが高くなっていますが、その分、大きなリターンも期待できます。価格の値上がりの他に配当という形でリターンを得ることもあります。詳しくは第5章で説明します。

◇投資信託

　多くの投資家から小額の資金を集めて、複数の資産へ分散投資（4.6.で説明します）をし、得られたリターンを投資家へ分配する金融商品です。投資対象とする資産に応じて、公社債投資信託、株式投資信託などに分類されます。リスクとリターンも投資先によって変化し、債券と同程度の低いものから、株式やデリバティブなどと同じく高いものまで様々あります。詳しくは第7章で説明します。

金融資産毎のリスクとリターン概念図

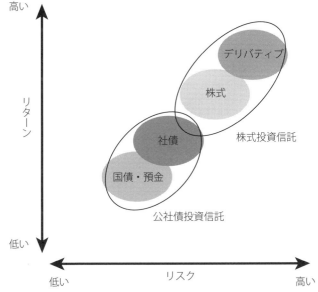

◇デリバティブ

　本書では扱いませんが、先物、オプションといった金融商品の総称を
デリバティブ（金融派生商品）と呼びます。これらは株式や債券などの
金融商品のリスクをカバーするために（ヘッジといいます）用いられて
いますが、リスクが大きいことが特徴です。

　ここで取り上げた投資対象は国内を投資先としてイメージして説明し
ています。海外の預金、債券、株式などに投資をする際には説明したリ
スク以外にも為替リスクが加わることになります。

4.6.投機的リスクをコントロールする～分散投資のメリット

■分散投資とは

　分散投資のメリットを語る際に頻繁に引用されるのが、「すべての卵
を１つのかごに入れてはいけない」という外国のことわざです。１つの
かごに卵を全部入れていたら、万が一転んだときに全部の卵を割りかね
ない、分けて持ち運べば全部を失う危険は少なくなる、というものです。
　金融資産への投資も同じです。資金を１つの資産へ投資するのはとて
も危険です。卵の例のように資金をすべて失ってしまうかもしれませ

ん。投資では、複数の資産へ資金を分散した方が良いとされています。これが分散投資です。分散投資の方法には、資産の分散、地域の分散、時間の分散があります。

① 資産の分散
　株式、債券、投資信託、預貯金というように、投資する資産を分散すること
② 地域の分散
　同じ株式投資でも国内と海外というように、投資する地域を分散すること
③ 時間の分散
　一度に投資するのではなく、時期を分けて投資すること

■ライフプランにおける資産の分散と運用

　投資を行う際には分散投資を行うべき、という話を進めてきましたが、家計管理をする上では毎月の収入をどう分散するかも重要なポイントです。「何に投資するか？」よりも、「安全な資産に何割、リスクのある資産に何割資金を振り分けるか？」をまず考えるようにしましょう。自身のライフプランに沿って、リスクのある資産へどれだけ投資してよいかを決めてから、投資を検討するようにしましょう。

「儲かりそうだ」という話を聞きつけて、リスクのある資産に資金の大半をつぎ込むというのは間違った行動です。もちろん本当に大金を得る可能性もありますが、元手をすべて失う危険性もあるのです。

　具体的にどのような分散の仕方をしたら良いのでしょう？分散の方法としてしばしば引用されるものに「3つの異なる財布を持ちましょう」という考え方があります。

① 支出財布（Spending Wallet）
　食費、住宅費、光熱費など日々の生活に必要なお金
　現預金などリスクがなく、流動性の高いものへ
② 貯蓄財布（Savings Wallet）

車の購入や子どもの教育費、住宅購入の頭金など近く使い道が決まっているお金

預貯金に加えて国債や公社債投資信託など比較的リスクの低い資産へ

③　投資財布（Investment Wallet）

当面使う予定がなく、リスクのある投資にまわして良い資金

株式や株式投資信託、外貨預金などリスクを取ってリターンの期待できる資産へ

Column　世代ごとのリスクに対する考え方

　運用資産のリスクに対する考え方は一人ずつ違っていますが、年齢と共に変えてゆくべき部分もあります。

　20代ではまず貯蓄する習慣をつくることと、資産形成のための勉強を始めましょう。早いうちに資金を作っておけば、それだけ複利のメリットを受けることができます。また、一定の資金ができたら、勉強も兼ねて一部を株式などに投資してみるのも良いかもしれません。仮に大きく価値を下げることがあっても、定年を迎えるまでは期間が長いので、所得で取り返すことができます。資産価格自体が上昇する可能性もあります。結婚して子供が誕生した場合は同時に教育資金の積み立ても始めましょう。

　30代、40代では、住宅購入や子供の教育費など、支出も多くなることが予想されます。ローンの利用も選択肢に入ってきますが、自身のキャリア、収入と返済のバランスを考慮して適切なローンを選択すべきです。

一方で退職後の生活をにらんで本格的な資産形成をはじめるのもこの頃です。投資信託や債券、外貨預金など比較的リスクを抑えられる資産での運用から始めてみてはどうでしょう。資金に余裕があれば株式などの比較的リスクはあるが、高いリターンの期待できる資産への投資も考えてみましょう。

　50代、60代ではローンの返済も可能であれば終えて、退職後のセカンドライフを考えた運用をさらに進めましょう。運用対象としては、リスクのある資産よりも蓄えた資産価値を減らさないような運用を心がけると良いとされています。

練習問題

❶身の回りにある「リスク」とリスクが生じることで生まれる損失、さらにそのリスクを回避する手段が存在するか調べてみよう。

❷さまざまな資産のリスクとリターンを調べてみよう。

❸どのように資産を分散させたらよいか話し合ってみよう。

「株式」というと皆さんはどのようなイメージを持っていますか？

　証券業協会が実施した2021年度（令和3年）証券投資に関する全国調査（個人調査）によると、証券投資のイメージとして「難しい」と回答した人が最も多く、次いで「資産を増やす」、「ギャンブルのようなもの」、「なんとなく怖い」、「お金持ちがやるもの」といった回答が上位に挙がっています。「資産を増やす」というプラスのイメージを持つ人もいますが、多くの人はマイナスのイメージを持っています。でも、もしも株式がなかったら経済活動はどうなってしまうでしょう？この章では株式の役割と株式の売買・株価形成に関する知識を学びます。

5.1.株式は何のためにあるの？

　会社は事業を行うために多額の資金を必要とします。また、事業には失敗するかもしれないというリスクがあります。自身の資金、銀行など金融機関から借りるほかに、一般から広く資金を集めるという方法が考えられます。これが株式です。会社を立ち上げる時に株式を発行して資金を集める他に、事業を行っている途中で追加の資金を集める時にも株式が発行されることがあります。

　事業から利益が出れば、働いている人の所得増加や新たな雇用の創出が期待できます。株式を買っていた人には利益の分配として配当が支払われます。また、法人税などの税金の支払も増加し、国や自治体の財政にも貢献します。経済成長や豊かさの拡大には多くの会社が事業を成功させることが不可欠ですが、その素になっているのが、株式ということになります。

　株式だけではなく、債券、その他様々な金融商品を利用して資金を企業へと流す役割を果たしているのが資本市場や証券市場です。人のカラ

ダを経済全体と見ると、市場は心臓の働きを果たしていて、資金は体内に栄養を運ぶ血液だと言えるでしょう。

資金の流れのイメージ

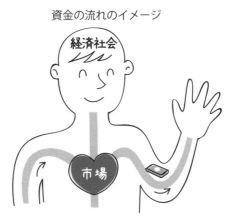

Column　金融市場の代名詞

　世界各地には銀行、証券、保険の各金融業者が集積する金融街があり、街の名称が金融業や金融市場の代名詞となっています。著名なものは小説や映画のタイトルなどにも使われています。

　中でも有名なものが世界経済の中心地でもあるアメリカのニューヨーク、ニューヨーク島の南端に位置する「ウォール街」でしょう。世界最大の規模を誇るニューヨーク証券取引所がその象徴です。イギリスのロンドンには「シティ」と呼ばれる金融業者の集積地があり、世界の金融市場の一角を担っています。シティはロンドン市の中心部にあり、ロンドン証券取引所やイングランド銀行などイギリスにおける金融システムの中核が位置するほか、セントポール大聖堂やロンドン塔などの観光スポットも点在しています。

写真：東京証券取引所

　日本に目を向けると、東京証券取引所は日本橋兜町にあり、そのことから別名として「兜町」が、同じく、大阪取引所（旧大阪証券取引所）は「北浜」とも呼ばれています。

　このような代名詞は「〇〇銀座」と同じく各地の金融街で使われることもあります。例えば、明治から昭和初期にかけて北海道内の経済の中心地であり、数多くの銀行が進出した小樽は「北のウォール街」と呼ばれていました。現在でも銀行の旧店舗など歴史的建築物も数多く残され、当時の繁栄ぶりを偲ばせてくれます。

5.2.株式を購入すると

　現在はすべて電子化されていて、実物はありませんが、株式会社へ出資したことを示す証書、株券が発行されます。株式を購入した人を株主と呼びます。株主になると、次に示すような機会を得ます。

■株主総会に出席できます

　多くの日本企業は3月末に決算を行い、株主総会という会を5月末から6月末にかけて開催します。株主になると、この株主総会への招待状が届きます。株主総会では、決算内容の説明や役員の選任などの重要事項が議論され、投票が行われます。見学会の開催や、お土産が頂ける株主総会もあるそうです。株主総会に出席できなくても、ハガキやインターネットを使って投票することができます。

■値上がりしたら売却益を得ることができます

　株主が現金化を望むのなら、第三者に売却することができます。株式市場はこれが高度に発達したものです。会社の事業が好調なら、これを反映して株価も上昇し、売却益（キャピタル・ゲイン）を得ることもできます。しかし、会社が不調だと株価は下がり、売却したら損がでること（キャピタル・ロス）があります。

　一般的に「株で儲けた」というと売却益をイメージする人が多いようです。

■配当金を受け取れます

　会社が事業から利益を出した場合、配当という形で株主に還元があります。配当のことをインカム・ゲインとも呼びます。最近の日本企業の場合、年1回から2回のタイミングで配当があり、1株当たり数十円から数百円という水準が多いようですが、株価と比べた配当利回り（配当額÷株価）で見ると、銀行の普通預金の金利よりも高い水準です。残念ながら預金金利と異なり、配当は必ずもらえるとは限りません。会社の経営状態が悪いと、配当額が減らされたり（減配）、配当そのものが無くなる（無配）ことがあります。逆に、普段以上の利益が出た場合、配当が

増えること（増配、特別配当）もあります。

■株主優待を受けられます

すべての会社が実施しているわけではありませんが、一定の株式を保有する株主へ定期的にプレゼントを贈る会社が増えています。これが株主優待と呼ばれるものです。個人株主を増やす手段として有効とされています。

多くの場合、自社製品詰め合わせや買い物券、割引クーポンなどが優待の内容です。投資関連の雑誌の中には株主優待の特集を組んだものもありますので、一度目を通してみると良いかもしれません。

ちなみに株主優待が盛んなのは日本くらいで、諸外国ではあまり見られないのだそうです。

5.3.株式を購入する

実際に株式を購入することをイメージしながら、株式売買のながれを確認してみましょう。

■口座開設

一般に株式を売買する際には、証券会社で口座を開設しなければなりません。口座開設は無料です。口座は証券会社の店頭で開設する他、現在ではインターネット上での手続きで開設することもできます。

口座には納税方法の違いで「特定口座」と「一般口座」があります。さらに特定口座には「源泉徴収あり」と「源泉徴収なし」の2種類があります。

他に2014年に開始された少額投資非課税制度（NISA）専用の口座も選択肢としてあります。詳しくはコラムで説明しています。

Column NISA口座を利用して投資デビュー

　2014年1月から、非課税口座内の少額上場株式に係る配当所得及び譲渡所得等の非課税措置、いわゆるNISAと呼ばれる制度が開始されました。

　この制度は、成年が利用できる一般NISA・つみたてNISA、未成年が利用できるジュニアNISAの3種類がありましたが、2024年1月から新しいNISAへと制度改正されます。

〈2023年までのNISA〉

		NISA（20歳以上）		ジュニアNISA（20歳未満）
		一般NISA	つみたてNISA	
	制度開始	2014年1月から	2018年1月から	2016年4月から
2023年まで	非課税保有期間	5年間	20年間	5年間 ※ただし、2023年以降は非課税期間が終了するものについては、20歳まで非課税で保有を継続可。
	年間非課税枠	120万円	40万円	80万円
	投資可能商品	上場株式・ETF・公募株式投信・REIT等	長期・積立・分散投資に適した一定の投資信託 ※金融庁への届出が必要	一般NISAと同じ
	買付方法	通常の買付け・積立投資	積立投資（累積投資契約に基づく買付け）のみ	一般NISAと同じ
	払出し制度	なし	なし	あり（18歳まで） ※災害等やむを得ない場合には、非課税での払出し可能。
	備考	一般とつみたてNISAは年単位で選択制 2023年1月以降は18歳以上が利用可		2023年末で終了

出所）金融庁　NISA特設ウェブサイト

〈2024年からのNISA〉

	つみたて投資枠 併用可	成長投資枠
年間投資枠	120万円	240万円
非課税保有期間（注1）	無期限化	無期限化
非課税保有限度額（総枠）（注2）	1,800万円 ※簿価残高方式で管理（枠の再利用が可能）	
		1,200万円（内数）
口座開設期間	恒久化	恒久化
投資対象商品	長期の積立・分散投資に適した一定の投資信託 現行のつみたてNISA対象商品と同様	上場株式・投資信託等（注3） ①整理・監理銘柄②信託期間20年未満、毎月分配型の投資信託及びデリバティブ取引を用いた一定の投資信託等を除外
対象年齢	18歳以上	18歳以上
現行制度との関係	2023年末までに現行の一般NISA及びつみたてNISA制度において投資した商品は、新しい制度の外枠で、現行制度における非課税措置を適用 ※現行制度から新しい制度へのロールオーバーは不可	

（注1）非課税保有期間の無期限化に伴い、現行のつみたてNISAと同様、定期的に利用者の住所等を確認し、制度の適正な運用を担保
（注2）利用者それぞれの非課税保有限度額については、金融機関から一定のクラウドを利用して提供された情報を国税庁において管理
（注3）金融機関による「成長投資枠」を使った回転売買への勧誘行為に対し、金融庁が監督指針を改正し、法令に基づき監督及びモニタリングを実施
（注4）2023年末までにジュニアNISAにおいて投資した商品は、5年間の非課税期間が終了しても、所定の手続きを経ることで、18歳になるまでは非課税措置が受けられることとなっているが、今回、その手続きを省略することとし、利用者の利便性向上を手当て

■売買単位

　購入してみたい銘柄が決まったら、いよいよ購入手続きです。しかし、○×工業の株価が現在、6,000円といっても、6,000円では株は買えません。株式は1株からの購入はできなく、売買の単位が100株と決められています。つまり、1株6,000円であれば最低でも6,000円×100＝60万円必要となります。

■成行注文か指値注文か

　注文を入れる際に、どの銘柄を、いくらで、何株購入・売却したいかを決めなければなりませんが、売買価格を指定する方法を指値（さしね）注文、値段の指定を行わない方法を成行（なりゆき）注文と呼びます。注文の場では、成行注文が指値注文に優先して執行されます。

　また、指値で入札する際に、株価の水準に応じた値段の刻み方で注文を出さなくてはなりません。これを呼値（よびね）と呼びます。通常、株価が3,000円以下であれば呼値は1円刻み、5,000円以下であれば5円、30,000円以下であれば10円というように呼値が決められています。また、TOPIX500という指標の構成銘柄に指定されている、わが国を代表するような企業の株式については、株価が1,000円以下であれば、0.1円刻み、5,000円以下であれば0.5円、10,000円以下であれば1円というように、小数点以下の刻み値も存在します。

Column　著名ながら上場していない会社

　みなさんが知っている著名な会社は大抵、株式公開していて、証券会社を通じて株式を売買することができますが、中には上場していない、すなわち簡単に株式を売買することができない会社もあります。

　例えば、ロッテ、JTB、竹中工務店、YKK、ホテルオークラなどはその代表的な会社です。この他、新聞社、出版社の多くも未上場です。さらに、生命保険会社のいくつかは相互会社という会社形態なので、そもそも株式を発行していません。その他、最近増えている持株会社（○○ホールディングス、□△グループなど）が傘下に収めている会社の株式も売買できません。

■売買委託手数料

　売買が成立したら、証券会社に売買金額の他に売買委託手数料というものを手数料として支払います。証券会社の店頭で行うより、インターネッ

トを経由する場合の方が手数料を安く済ませることができるため、最近ではインターネットを利用して売買することに人気が集まっているようです。

　下の表に売買委託手数料の例を示しました。証券会社の店頭で担当者と対面で取引をする場合、手数料は最低でも2,860円、100万円の約定価格だと12,188円かかります。担当者と対面で取引する場合は、どの証券会社でも概ねこのような手数料水準です。一方、人件費がかからないため、インターネット経由の場合、約定価格が100万円の場合でも500円前後の手数料です。条件を満たせば手数料０円というインターネット証券も出てきました。

　インターネットでの取引は会社にもよりますが、夜間でも手続きできたり、パソコンだけではなく、携帯電話やスマートフォンでも取引できたりと利便性が高いのが特徴です。

対面とインターネットの売買委託手数料の例（税込み）

	下限手数料	100万円
A証券会社（対面）	2,860円（20万円まで）	12,188円
B証券会社（インターネット）	55円（５万円まで）	535円

※各社HPを2023年10月末に参照して作成

■株式の受け渡し

　一般の商品やサービスは支払いと同時にその商品やサービスを受け取りますが、株式は少々異なります。株式は取引の後、取引日を含めて３営業日目が受渡日となっています。この日までに購入した株式の受け渡し、購入代金の支払い・売却代金の受け取り等が行われます。これまで

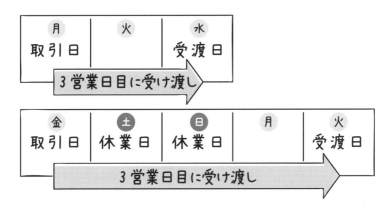

4営業日がルールでしたが、2019年7月16日の取引分から3営業日となりました。受渡日のルールは配当や株主優待など、株主の権利に関わる場合には気を付ける必要があります。

■株式投資からの利益・税金

株式の売却益（キャピタル・ゲイン）や配当（インカム・ゲイン）に対しては共に所得税15％および住民税5％の合計20％の税金が課せられます。

ただし、2037年末までは復興特別所得税が上乗せされ、所得税は15.315％が課され、合計20.315％の税金が課せられます。

また、株式や株式投信と利益・損失の相殺が可能です。損失は申告により3年間の繰越控除を受けることができます。これは異なる会社の口座間で利用することができます。例えば、A証券会社の口座で20万円の利益が出た一方で、B証券会社の口座では30万円の損失が出ていたとします。このとき、確定申告を行い、損益通算を行うと全体で10万円の損失となり、A証券の口座で課税される20万円×およそ20％＝およそ4万円の税金が戻ってきます。さらに、この10万円の損失は翌年に繰り越すことができます。翌年、10万円の利益が出ていた場合、繰り越した損失と通算して、0円となり、およそ2万円（10万円×およそ20％）の税金が戻ってきます。

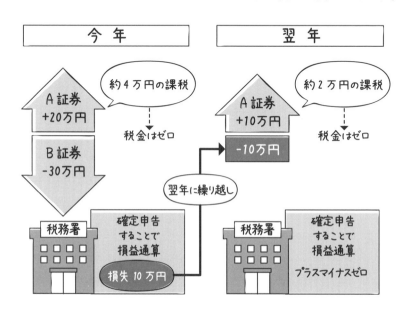

ただし、NISA口座では損益通算や損失の繰り越しはできないので注意が必要です。

5.4.株価の決定要因

　株価はどのように決定されるのでしょう。また、どうして変動するのでしょう。株式に関心のある人々にとって、あるいは市場関係者、研究者にとって、この問題はとても大きなテーマです。きっちりとした法則はありませんが、大まかに次のような要素で株価は変動し、形成されていると考えられます。

　株価の動きは、投資家による株式の価値に対する評価が変化することで変動します。株式価値の変化に影響する要因としては、経済的要因の他に市場内部の要因、経済以外の要因が考えられます。経済的要因では株式を発行する企業の業績が代表的な要素です。その他、金利動向や為替動向、原材料価格などの他市場での動向等、企業業績に直接、間接的に影響する経済要因も存在します。これらをまとめてファンダメンタルズ（経済の基礎的要因）と呼ぶこともあります。

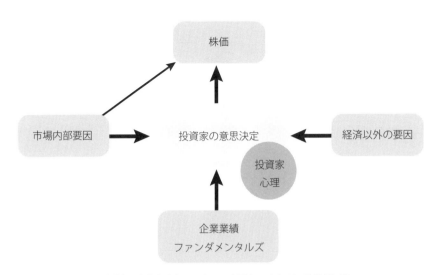

出典）証券教育広報センター・高橋（2008）を元に著者が加筆

市場内部の要因としては、年金、投資信託、投資銀行など、機関投資家の動向があげられます。今日の市場では機関投資家の存在が大きく、決算期を迎えたファンドや銘柄の入れ替えに伴う需給の変化がこれに相当します。

　経済以外の要因としては、国内外の政治・社会動向があります。政治的・社会的変化は将来のビジネスリスクを拡大、縮小させることに繋がるため、市場に影響を与えると考えられています。また、これ以外にも市場のトレンド、投資家心理の変化なども価格変化の要因となります。

Column チャート分析

　株価の分析には先に紹介したファンダメンタルを基礎としたアプローチの他に、チャートと呼ばれるグラフを用いた分析があります。これは株価や出来高の動きなどを分析して、株価が変化する傾向を探ろうとするものです。代表的なものに、ローソク足、移動平均線、一目均衡表、ストキャスティクス、ボリンジャーバンドなどがあります。例えばローソク足は期間中の始値、高値、安値、終値の四本値をローソクのように示し、これを時間の流れにともなう変化を見る手法で、江戸時代に巨額の財を成した酒田（山形県）の豪商、本間家に伝わる分析方法です。現在も株式投資の雑誌、情報誌、インターネット上の株価情報サイトの多くで株価の推移を説明するのに用いられています。

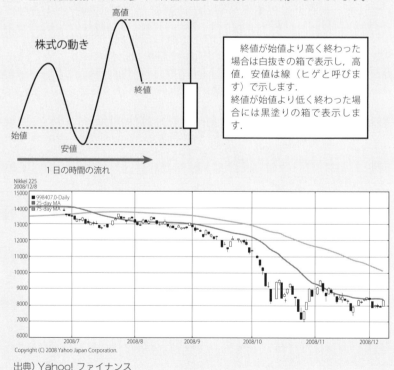

出典) Yahoo! ファイナンス

5.5.投資指標

　新聞、テレビなどの経済ニュースで日経平均、TOPIX（トピックス）といった言葉を見聞きしたことがあるかと思いますが、ここでは株式市場を見るための代表的指標を見てゆくことにします。

■値段

　株式の価格は常に変動しますが、価格変化の様子を表す数字として、始値（はじまりね）、高値（たかね）、安値（やすね）、終値（おわりね）からなる4本値というものがあります。その日、その週、月、年など様々な期間で4本値を確認することで、現在の価格推移がどのような位置にいるのかを知ることができます。

■出来高

　価格だけではなく、取引された量、出来高（できだか）も重要な情報です。おおよその場合、出来高が多いものは活発に売買されていると判断できます。出来高の推移を観察することで、市場参加者がその銘柄への関心をどれくらい持っているのかを知ることができます。

■株価指数

　日経平均、TOPIXとはわが国の株価指数の代表的なもので、株価指数とは、株式市場の動向を把握するために考案された指標のことです。

　日経平均株価（日経平均、日経225とも呼ばれます）はプライム市場上場銘柄から市場を代表する225銘柄を選び、その225銘柄の株価の単

純平均を出したものです。日本経済新聞社が算出公表し、定期的に銘柄の入れ替えをしています。TOPIXは東証株価指数（Tokyo Stock Price Index : TOPIX）といい、東証プライム市場上場銘柄と旧一部市場に上場していたスタンダード市場上場銘柄の時価総額（株価×株式数）を、基準日（1968年1月4日）を100として毎日の時価増額の変動を表したものです。こちらは東京証券取引所が算出公表しています。

　値がさ株の価格変動による影響は受けないものの、時価総額の大きい大企業や内需関連株による影響が大きいといわれています。TOPIX、日経平均は共にバブル経済のピークである1989年末に最高値を付けた後、バブル崩壊に伴い低迷しています。

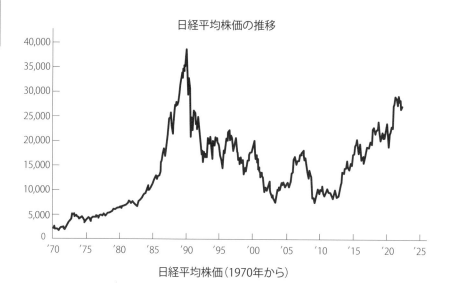

日経平均株価の推移

日経平均株価（1970年から）

■配当利回り

　株式への投資額に対する配当額の割合を示したものです。配当利回りは次の式で求められます。

$$配当利回り＝\frac{配当額}{株価}$$

配当が増加（増配）すれば当然、配当利回りは上昇しますが、分母の株

価が下落しても配当利回りは上昇する、ということに注意してください。

■PER・PBR

株式の投資尺度として良く知られているものがPER（Price Earnings Ratio、株価収益率）やPBR（Price Book-value Ratio、株価純資産倍率）です。PERは次の式で求められます。

$$PER＝\frac{株価}{1株あたり当期純利益（EPS）}$$

式にあるように、PERは株価を1株当たり当期純利益（Earnings Per Share：EPS）で割ることにより求められます。投資尺度としてのPERは水準が高ければ利益と比較して株価が高く評価されていることを示しています。逆に水準が低ければ株価が低く評価されていることを示しています。PERに絶対的な水準はなく、同時点における同業他社との比較や、時間の経過に伴う変動によりその水準の高低を判断します。

PBRは次の式で求められます。

$$PBR＝\frac{株価}{1株当り簿価純資産}$$

投資尺度としてのPBRはPERと同じく、1株あたりの簿価純資産と比較して株価が高い、あるいは低いことを示しています。

■ROE・ROA

ROEはReturn on Equityの略で、株主資本利益率と呼ばれています。1株当たりの利益を1株当たりの自己資本で割った数値です。1株当たり利益には当期純利益が用いられます。

$$ROE＝\frac{1株当たり利益}{1株当り自己資本}$$

ROAはReturn on Assetの略で総資産利益率と呼ばれています。1株当たりの利益を1株当たりの総資産で割った数値です。1株当たり利益に

は当期純利益の他、経常利益なども用いられます。

$$ROA = \frac{1株当たり利益}{1株当り総資産}$$

5.6.株式投資に関する情報源

　株式投資に関する情報源として、どんなものがあるのでしょう。日々の株価や企業情報は新聞、テレビ、ラジオなどから得ることができます。インターネットであれば10から20分毎に更新された価格情報が入手できます。また、証券会社に口座を開いている場合、証券会社のホームページや取引用のソフトウェア上でほぼリアルタイムで価格情報を手に入れることができます。

　さらに、書店では投資情報をまとめた雑誌が各社から出版されています。企業情報に関しては会社四季報（東洋経済新報社）、日経会社情報（日本経済新聞社）が良く知られていまたが、日経会社情報に関しては書籍版がなくなりオンライン版のみとなりました。この他、証券会社に口座を開いている場合、会社が発行するレポートなども有効な情報源となります。また、これらの情報はインターネット上でも入手することができます。

練習問題

■株式による資金調達のメリットについて考えてみよう。
❷株価の変動要因についてまとめてみよう。
❸様々な会社の株主優待について調べてみよう。

第6章　債券について知ろう

　リスクが低い代わりにリターンが少ない、という特徴を持つ債券は比較的安全な投資先と考えられています。この章では株式との違いを意識しつつ、債券の特徴、種類、債券投資に関する知識を学びます。

6.1.債券とは何か

　債券とは借金、借入の一種です。資金を必要とするものが利払いと元本の返済に関する債務者となり発行する証券です。国や地方公共団体が発行するものは公債、企業が発行するものを社債と呼びます。発行者のことを発行体と呼ぶことがあります。

　債券は借入の一種ですから、返済しなければならない時期と、それまでに定期的に利子を支払うこと、最終的に借り入れた額を返済することが義務付けられています。

6.2.債券を購入すると

　債券も株式と同様、現在ではすべて電子化されていて、証書としての債券はありません。債券を購入すると、株式を購入した場合と比較して、以下に示すような機会を得ます。

■利子を受け取れます
　正確には利付債という債券を購入した場合ですが、定期的（概ね年に2回）に利子の支払いが行われます。株式に配当はありますが、債券の発行体が破綻したり、経営状態が悪化して債務が返済できないことをデフォルト（債務不履行）といいますが、デフォルト時には、利払いが遅れ

たり、利払いが停止することがあります。

■期限が来ると、元本の返済が行われます

返済時期（満期）になると、債券の表面に書かれた金額（額面金額）が支払われます。これを償還と呼びます。利子と同じく債券の発行体がデフォルトした場合は元本が返済されない場合や、全額が回収できない場合があります。日本国内では過去、社債がデフォルトした例は少なく、その意味では株式よりも安全ですが、リスクはゼロではないことに注意してください。発行体がデフォルトする可能性を評価したものが、後で説明する債券格付けになります。

■値上がりしたら売却益を得ることができます

株式と同様に償還以前の時点で市場において売却することもできます。ただし、株式ほどの価格変動はありません。

6.3.債券の種類

■利払いの仕方による分類

利子の支払い方法による違いで利付債と割引債があります。

◇利付債

毎期あらかじめ決められた額の利子（クーポン）の支払がある債券です。通常は年に2回利子の支払いを受けることができます。満期時には額面が償還されます。したがって、利付債への投資からの利益は、基本的にはクーポンからの収入となります。

◇割引債

毎期のクーポン支払いがない代わりに、償還時よりも低い価格で発行される債券です。投資による利益は購入時と償還時の差で保証するものです。割引債には利子（クーポン）がありませんので、別名「ゼロクーポ

ン債」と呼ばれています。

　利付債と割引債のイメージを図にしてみました。お金の出入りを縦軸に取り、上は受け取り、下は支払いをイメージしています。横軸は時間の流れです。利付債は購入のために支払いを行った後、毎期クーポン収入があり、最後にクーポンと額面分の金額を受け取ります。

　一方、割引債は購入時の支払い額が償還額よりも少なく済みますが、毎期のクーポンがなく、償還時に購入価格よりも多めの金額を受け取ることで利益を得る、という仕組みが理解できると思います。

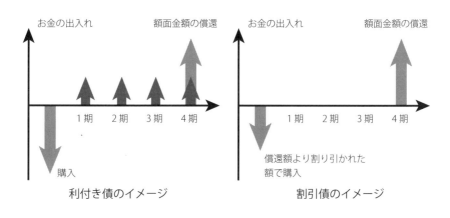

利付き債のイメージ　　　　　　　割引債のイメージ

Column　「クーポン券」の元は債券にあった？

　現在では債券の実物を目にすることはありませんが、昔の債券は図のように、額面が書かれた券面に切り離しのできる小さな券が付いていました。これがクーポンです。

債券のイメージ

　利払いの時期が来て、クーポンを切り離して金融機関の窓口に出すと、金利分のお金を受け取ることができました。同じように広告、チラシなどに付き、切り離して利用できる券も私たちはクーポン（券）と呼んでいますね。「クーポン」の語源は「切り取る」という意味ですので、どちらも同じように呼んでいる、という訳です。

■発行体による分類

◇国債

国が発行し、債務者となるものです。利払いの仕方により利付国債と割引国債に分類されます。利付国債では、償還期限の違いにより、2年、5年の償還期限を持つ中期国債、10年の長期国債、さらに20、30年といった超長期国債などがあります。これらの国債は金融機関が購入の中心となっています。

私たち家計向けに設定された国債としては、次の表にあるように、2年から10年の満期で6種類用意されています。個人向け国債は最低1万円から1万円単位で、新型窓口販売方式では最低5万円から5万円単位で購入することができます。

これらの国債は証券会社、銀行、信用組合、信用金庫、郵便局、労働金庫、農協などの金融機関の窓口で口座を開設し、購入することができます。発行日の他、金利や利払い日、償還期限などの発行条件については、財務省ホームページから確認することができます。

個人向け国債・新窓

	満期	金利タイプ
個人向け国債	10年	変動金利
	5年	固定金利
	3年	
新型窓口販売方式	10年	固定金利
	5年	
	2年	

◇地方債

都道府県や市など地方公共団体が債務者となる債券です。市場公募地方債といい、広く投資家から購入を募集し、発行されています。地方公共団体が単独で発行するものや、複数の地方公共団体が共同で発行するものなどがあります。満期も2年、3年など比較的短いものから、20年、30年と長期に渡るものがあります。金額では10年債が最も多く発行されています。

◇社債（事業債）

社債は株式会社など事業会社が発行する債券です。事業債と呼ばれることもあります。元本や金利を支払う財務的能力（信用度）に応じて利子（クーポン）の水準が決定されます。この信用度を表したものが「格付け」です。

多くは機関投資家向けに発行されますが、近年、100万円程度から購入できる個人向けの社債を発行する会社が増えてきました。

社債の金利は、一般的に国債の金利に上乗せされるので、高くなる傾向があります。

社債には上記の「普通社債」の他、利払い順位が普通社債よりも後に置かれた劣後債、株式との転換権や購入権が付けられた新株予約権付社債などがあります。

◇外国債（外債）

外国債は外国政府、法人が発行する債券です。元本の払い込み、利払い、償還のすべてが外貨建ての債券を外貨建て外債と呼びます。外貨建てなので、為替の変動により購入時より円高となると元本を割り込むことがあります。

この他、円建てで発行される円建て外債、利払いと償還が異なる通貨で行われる二重通貨建て外債などがあります。

6.4.債券価格と金利・株価との関係

■債券価格と金利

債券価格と金利水準には密接な関係があります。債券の利子（クーポン）は発行時の金利水準に応じて決定されます。したがって、金利が上昇すると、新たに高い金利水準で発行される債券に比べて、以前の金利水準で発行された債券の魅力が少なくなるので、債券価格は下落します。逆に金利が下がれば、債券価格は上昇します。

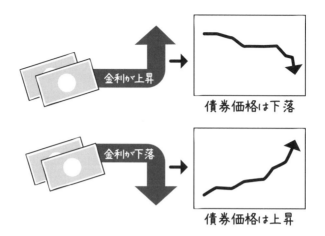

金利が上昇 → 債券価格は下落

金利が下落 → 債券価格は上昇

■債券価格と株価

　債券価格は株価とも関係があります。株式市場が好調な時、資金の多くは株式市場に流れるので、相対的に債券価格は下落します。逆に景気が悪くなり、株価が下がってくる状況では、資金は比較的安全な債券に流れ、債券価格が上昇します。

6.5.債券を購入する

■情報を入手しよう

◇新発債情報・価格情報

　新規発行の債券（新発債）については証券会社の店頭やインターネット証券会社のホームページで知ることができます。すでに発行されている債券の価格情報については、多くは満期まで保有することが多い、売買が少ない、また株式と異なり取引所ではなく、証券会社の店頭で取引する、などの理由により、株式のようにリアルタイムに近い価格情報を得ることができません。参考となる情報として、国債については証券会社や銀行の店頭およびホームページ、社債については証券会社の店頭、あるいは、日本証券業協会のホームページに「個人向け社債等の店頭気配情報」という項目があり、ここで現在流通している個人向け社債の価格情報が提供されています。

◇格付け

　債券格付けとは債券を発行する会社、組織の収益力、財務内容、成長力、当該債券の属性などから債券の信用力（利払いと元本返済能力）をＡ、Ｂ、Ｃなどの等級記号を使って簡単に示したものです。格付けは独立・中立的な専門機関である格付け会社が行っています。わが国で活動している代表的な格付け機関としては、

- ムーディーズ・インベスターズ・サービス（Moody's Investors Service）
- スタンダード・アンド・プアーズ（Standard & Poor's）
- フィッチ・レーティングス（Fitch Ratings）
- 格付投資情報センター（R&I）
- 日本格付研究所（JCR）

が挙げられます。格付情報は各格付機関のホームページや証券会社の店頭などで見ることができます。

　格付けの例としてムーディーズが示す格付け記号とその意味を見てみましょう。表の上に位置する格付けほど信用力が高いことを意味しています。

ムーディーズの格付表記

格付け	内容
Aaa	信用力が最も高いと判断され、信用リスクが最低水準にある債務
Aa	信用力が高いと判断され、信用リスクが極めて低い債務
A	信用リスクが低い債務
Baa	信用リスクが中程度であるがゆえ、一定の投機的な要素を含みうる債務
Ba	投機的と判断され、相当の信用リスクがある債務
B	投機的とみなされ、信用リスクが高いと判断される債務
Caa	投機的で安全性が低いとみなされ、信用リスクが極めて高い債務
Ca	非常に投機的であり、デフォルトに陥っているが、あるいはそれに近い状態にあるが、一定の元利の回収が見込める債務
C	最も格付が低く、通常、デフォルトに陥っており、元利の回収の見込みも極めて薄い債務

※ムーディーズ・ジャパンのホームページより作成

　また、格付け記号に１から３の数字を付けたり、プラスやマイナスの

記号を付ける場合があります。これはある格付け順位がつけられている ものの、実際は上位の格付けに近い場合（＋）、下位の格付けに近い場合 （－）に付け加えられます。この格付け表のうち、Baa以上の格付けを得 た債券が投資適格と言われています。

　格付けが高いほど信用力が高く、利払いや元本返済の可能性が高くな りますが、利回りはその分低くなります。Ba（他社表記ではBBB等）以下 の投資不適格とされる債券はリスクが高い代わりに利回りが高く、ジャ ンク債、ハイイールド債と呼ばれています（日本国内ではほとんど見ら れません。多くは米国の債券市場で見ることができます）。

　格付けは時間の経過と共に、発行企業の財務状態に応じて変化しま す。これを格上げ、格下げといいます。格上げ、格下げの情報は株式市場 にも影響するので、株式投資の際に企業を評価する参考になります。

■債券購入の窓口

　公共債は証券会社の他、銀行、信用金庫、信用組合などの店頭、保険会 社で取り扱っています。郵便局では国債のみを扱っています。社債、外 国債は証券会社で購入できます。購入時には株式と同様にそれぞれの窓 口で口座を開設する必要があります。インターネットや電話を窓口にし て口座を開くこともできます。

■債券購入の費用

　債券の購入の多くは店頭取引と呼ばれる形で行われます。購入時には 特定の手数料はかかりません。

　債券の売買にあたっては固有のものとして、経過利子の支払、受取が あります。

　これは最後の利払い日から実際の売却日までの日数分の利子は売り手 のものであるため、その分の利子を債券の買い手が支払う、というもの です。これを経過利子と呼んでいます。

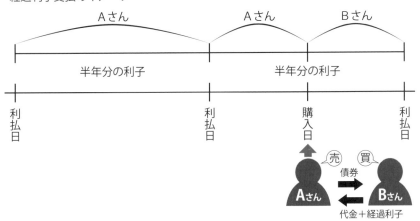

経過利子支払のイメージ

Aさん

Aさん

Bさん

半年分の利子

半年分の利子

利払日

利払日

購入日

利払日

売　買
債券
Aさん ⇄ Bさん
代金＋経過利子

■債券投資からの利益

　債券投資からの利益は毎期支払われるクーポン収入（利息）と購入代金と償還時の額面との差額（償還差益）、もしくは売却時の売却代金との差額（売却益）となります。

　金額としての評価の他、債券への投資からの投資収益率として「利回り」という考え方があります。購入した債券を満期まで保有した場合の収益率を最終利回りと呼びます。最終利回りは以下の式で示されます。

$$最終利回り = \cfrac{利率 + \cfrac{額面価額 - 購入価格}{保有期間}}{購入価格} \times 100$$

　例えば、額面100万円、満期まで３年、クーポンレート４％の債券を99万円で購入し、満期まで保有した場合、最終利回りは、

$$\cfrac{4 + \cfrac{100 - 99}{3}}{99} \times 100 = 4.38\%$$

となります。これが新規発行債であれば、応募者利回りとも呼びます。

　また、途中で債券を売却した場合には、上記の式の額面価額を売却金額に置き換えて計算します。これを所有期間利回りと呼びます。

例えば、クーポンレート３％のある債券を99万円で購入し、２年半後、101万円で売却した場合の所有期間利回りは、

$$\frac{3+\dfrac{101-99}{2.5}}{99}\times100=3.84\%$$

となります。

■税金

　債債券投資を行ったときに生じる利益（利子、譲渡益、償還差益）に対して税金がかかります。クーポン（利子）は「利子所得」として20.315％が課税されますが、源泉徴収のみで申告不要です。売却や償還によって得た譲渡益や償還差益は、「上場株式等の譲渡所得等」として税率20.315％の申告分離課税となります。

　2016年１月以後、債券の利子・償還差益・譲渡損益の課税方式の見直しが行われ、上場株式などの配当金や譲渡損益との損益通算が認められるようになっています。

練習問題

❶株式と債券の違いをまとめてみよう。

❷金利の変化と債券価格の関係について考えてみよう。金利が上昇（下落）すると債券価格はどうなるだろう。

❸インターネットなどを用いて様々な債券の情報を集め、最終利回りを計算してみよう。

投資信託は、その特徴から投資の入門的な位置づけがされている金融商品です。投資信託の種類には様々なものがあり、マーケットの動向を表す指数（市場インデックス）と同じような動きをするものから、特定のテーマに沿ったもの、さらには個人投資家が簡単には投資できない海外資産や金融派生商品（デリバティブ）を用いたものまであり、奥行きの深い存在ともいえます。この章では投資信託の仕組み、購入時に知っておきたい事柄などを学びます。

7.1.投資信託とは何か

■投資信託とは

投資信託とは、多くの投資家から小口の資金を集めて１つにまとめ、それらを資産運用の専門家が株式や債券、不動産、商品など、様々な資産へ投資し、収益をあげる金融商品のことです。運用の結果得られた収益は決算を通じて出資した額に応じ分配金という形で支払われます。また、運用が好調であれば、値上がり益という形で利益を得ることもできます。投資信託は投信と略されることも多く、集めた資金はファンド、運用を担当する専門家はファンドマネジャーと呼ばれています。

■投資信託のメリット・デメリット

投資信託のメリットとして、３つあげておきましょう。

１つ目は１口１万円程度などの少額な資金で始められることです。第５章で紹介しましたが、株式を購入する場合、100株単位でしか売買できません。１株500円だとすると購入するために最低５万円必要になります。このことからも投資信託のハードルがいかに低いか分かると思います。

２つ目は集めた資金が分散投資されることで、第４章で紹介した分散

投資の効果を得られることです。一人で分散投資を行うには、複数の種類の投資商品を購入しなくてはなりません。多くの資金が必要になります。一人の資金ではできなかった分散投資も投資信託なら可能になります。

　3つ目はプロのファンドマネジャーに運用してもらえることです。投資をする際に株式や債券の情報を集め、どの銘柄に投資するかを考えるのは知識と時間がかかります。投資信託ではこれを投資の専門家であるファンドマネジャーが代わりにやってくれる、というわけです。

　一方、投資信託にもデメリットがあります。預貯金と異なり投資信託にはリスクがあるので、運用成績次第では元本割れ、つまり、投資した額を下回る結果となることもあります。また、手数料など運用のコストが株式、債券などに比べると割高になる、という特徴もあります。

投資信託のイメージ

7.2.投資信託のしくみ

　投資信託は「○×アセットマネジメント」や「□△投信投資顧問」などの名称を持つ投資信託会社が運用します。2023年10月現在で㈳投資信託協会に正会員登録している投資信託運用会社（以下 投信会社）は111社、不動産投信運用会社は100社、計211社あります。投信会社の多くは証券会社、銀行、保険会社の系列ですが、その他独立系の会社もあります。また、外資系の投信会社も活躍しています。投信会社はどの資産をどのタ

イミングで売買するかを考え、実際の売買は信託銀行を通じて行います。さらに投資家から資金を集めたり、収益を分配する窓口となる販売会社があります。販売会社は証券会社、銀行、郵便局（ゆうちょ銀行）などが中心ですが、現在では投信会社の多くが直接販売する「直販」も行っています。

> ### *Column*　信託の歴史
>
> 　現在のような投資信託が形づくられたのは19世紀初頭の米国ですが、その始まりは中世イギリスにおけるユース（use）に起源があるとも言われています。土地の遺贈が禁止されていたり、相続税が高かったため、残された妻子のために土地を第三者に委託することが行われていたそうです。領主にとっては地代や税金が減るので、これを規制するようになりますが、人々は権利を訴え続け、やがて認められるようになり、制度も信頼という意味のトラスト（Trust）と呼ばれるようになりました。
>
> 　近代的な信託は日本では明治になってから導入されますが、信託的な考え方は古くからあり、租税免除の目的で土地を寄進するという形で荘園などに見られました。また、織田信長が信託的な考え方で京都の皇居を修理したことが知られています。

7.3. 投資信託の種類

　現在、わが国で一般向けに販売され運用中の投資信託の数は約6,000とも云われていますが、投資対象やリスクの程度、購入・売却条件など様々な違いがあります。大きくは株式を運用の主体とした株式投資信託、もう1つは株式を組み込まず、債券のみで運用される公社債投資信託とに分類されます。また、購入・売却のタイミングの違いによりいつでも購入可能な追加型（オープン型）と時期が限定されている単位型（ユニット型）に分類されます。ここではこれら主要な分類に限って投信の種類を概観することにします。

■投資先による分類
◇株式型

　株式を中心に運用する投信で株式投資信託と呼ばれます。投資対象地域の違いにより国内株に投資する国内型と海外株に投資する海外型があります。株式への投資ですので、価格変動のリスクがあります。また、海

外型はリターンの高い国での銘柄を多く組み入れることで高いリターンを期待できますが、リスクも高くなり、さらに為替リスクの影響を受けます。

◇債券型

　株式を一切組み入れず、債券（公社債）のみで運用される投資信託で、公社債投資信託と呼ばれます。これにも国内型と海外型があります。近年人気のグロソブ（グローバルソブリン債）は各国の国債などに投資を行う債券・海外型の代表的商品です。もちろん、海外への投資ですので為替リスクの影響を受けます。

　この他、公社債投信の代表例としてMRFやMMFがあります。MMF（マネー・マネジメント・ファンド）は内外の満期までの期間の短い公社債投資信託で運用されるもので、MRF（マネー・リザーブ・ファンド）は証券総合口座用の公社債投資信託で共に１口（＝１円）単位から預けられ、いつでも換金可能であることが特徴です。

■運用スタイルによる分類

◇パッシブ型（インデックス型）

　パッシブ型は日経平均株価やTOPIX（東証株価指数）などのインデックス（指数）と連動するような成果となるように設計された投信です。インデックスファンドと呼ばれることもあります。プログラムによるシステム運用のためコストが低いのが特徴です。ノーロードと呼ばれる購入手数料が無料となる投信の多くはインデックスファンドです。

◇アクティブ型

　アクティブ型は、インデックスよりも高い成果を出すことを目標に運用される投信です。例えば、成長性の高いグロース銘柄、あるいは割安なバリュー銘柄を中心に運用するもの、医薬、電気、バイオなど特定の業種に集中するもの、アジア、中欧など特定の地域に集中するもの、BRICs（ブラジル、ロシア、インド、中国）などの新興国に投資するものなど様々なタイプがあり、それぞれに投資のスタイルが違うため、リスクとリターンの水準も異なっています。

■購入時期による分類

◇単位型

投資信託が立ち上がる期間（当初募集期間）にのみ購入できる投資信託

◇追加型

原則的に、投資信託が運用されている期間中いつでも購入できる投資信託

第7章 投資信託を知ろう

Column 為替ヘッジ型投信

　海外型の投信には為替変動のリスクがありますが、このリスクをヘッジする（リスクを回避すること）運用方法を採用しているものがあります。為替先渡し契約や為替に関するオプション取引などを用いるため、ヘッジコストがかかり、その分リターンが減少することもありますが、為替リスクの低減が期待できます。同じ投信でも為替ヘッジを行うコースと行わないコースに分けられ、投資家が選択できるようになっているものもあります。

7.4.その他の投資信託

■ETF

　比較的新しい投資信託として、上場投資信託（Exchange Traded Funds: ETF）があります。「上場」という名前の通り、証券取引所で取引される投資信託です。

　通常の投資信託の売買は販売会社（証券会社、銀行、郵便局など）の店

頭であらかじめ決められた基準価額で取引されますが、上場投信は株式と同じく証券会社を通じて売買を行うという違いがあります。

ETFは株式と同様に価格が常に変動し、市場で付いている価格でリアルタイムに取引できる点が特徴です。株式と同じですので第5章で紹介したように、取引の際には指値や成行といった価格の指定も可能です。また、一般的な投信よりも売買コストが低いのも特徴です。

一般的な投信とETFの違い

	一般的な投資信託	ETF
購入窓口	各投資信託の取扱いがある証券会社、銀行などの販売会社	全銘柄全国の証券会社どこでも購入可能
購入価格	基準価額（1日に1つ）	その時々の取引価格
注文方法	基準価額が分からない状況で購入・換金の申込を行う（ブラインド方式）	成行・指値注文が可能
購入する際の手数料	投資信託ごと、販売会社ごとに手数料率は異なる	証券会社ごとに手数料は異なる
信託報酬	一般的にはETFの信託報酬より高い	一般的は投資信託の信託報酬より低い
最低投資金額	1万円程度から	1万円程度から購入できるETFもあるが、多くは10万円程度の資金が必要
信用取引	できない	できる

出典）日本取引所グループHP、投資信託協会HPより作成

■REIT

本書第11章では不動産が取り上げられていますが、住むためではなく、資産運用としてアパート経営や賃貸用マンションの購入といった不動産投資を考えている方も多いのではないでしょうか。不動産投資は数百万から数千万円、場合によっては数億円の投資額が必要となるので、なかなか手を出しづらい、と考えがちですが、投資信託のアイデアを使って、不動産投資を行うことが可能です。

REIT、リートとはReal Estate Investment Trustの略で不動産投資信託と呼ばれています。不動産への投資目的で投資家から資金を集め、不動産投資から得られる賃料や売却益を投資家に分配する投資信託です。日本版REITということからJ-REITとも呼ばれる場合があります。証券市場に上場しており、ETFと同様、全国の証券会社で売買可能です。

実際の不動産投資と異なり、REITの場合は一口十万円前後と比較的

小額の資金で始めることが可能です。また、利益の90％以上を配当すると法人税が優遇されるという特徴から、収益が上がっている場合には高配当が期待できます。

2022年12月末現在で61のREITが東京証券取引所に上場しています。対象とする不動産もオフィス、住宅、商業施設、物流施設、ホテルなど多様化しています。

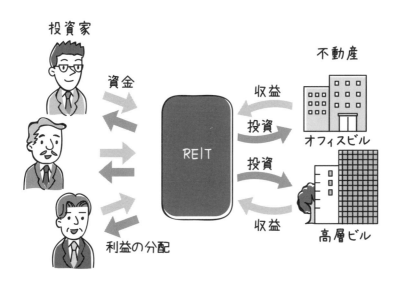

7.5.投資信託を購入する

■情報を集める

　投資信託は投資信託運用会社が独自に設定し、直販または販売窓口を通して販売しているので、ある証券会社ですべての投資信託が購入できる、ということはありません。すべての投資信託を扱っている販売会社はなく、販売会社ごとに購入できる投資信託は限られているので、それぞれの販売会社でどんな投資信託が販売されているのかを知る必要があります。

　東証マネ部が2021年３月に実施したアンケートによると、「投資・資産運用のための知識や情報を得るうえで一番重視しているものは何です

か？」という問いに対して、最も多かった回答は「Webサイトの情報」で、次いで「金融機関・証券会社などのアドバイス」、「ファイナンシャルプランナーなど専門家のアドバイス」という結果でした。「新聞」「テレビ」「書籍や雑誌」といった従来型のメディアは合計しても1割に満たず、あまり重視されなくなっているようです。

■目論見書

具体的に購入を考えたい投信が見つかったら目論見書を入手しましょう。目論見書とは投資信託の運用会社が作成するもので、運用方針、手数料や税金、運用期間、投資リスクなど投資信託の運用に関する様々な情報が記された書類です。投信を購入する前か購入と同時に受け取ることができます。

■購入方法

購入方法としては、金融機関の店頭で直接担当者と話をしながら行うか、電話やインターネットによる通販の2通りがあります。実際に投信を購入するにはどの場合であっても最初に口座を開設してからとなります。

販売会社と購入できる投資信託

販売会社	購入できる投資信託
証券会社	グループ会社の運用する投信
銀行・郵便局などの金融機関	提携をした投信会社の特定の投信
投信会社（直販）	自社で運用する投信

すべての株式はどの証券会社からでも購入できますが、投資信託の場合、販売窓口となる会社によって購入できる種類が限られているので、購入したい投信をあらかじめ調べておく必要があります。一方、REITやETFなど証券取引所に上場しているタイプの投資信託は、すべての種類が全国の証券会社から購入することが可能です。

■手数料

⑴販売手数料（買う時）

購入時に販売会社に直接支払う手数料です。購入時の基準価額に対

する割合で示されています。投信によっては手数料のかからないもの（ノーロードと呼ばれています）があります。手数料には消費税も課せられます。

⑵信託財産留保額（売る時）

投信を解約する際に引かれる費用です。基準価額に対する割合で示されます。無料の場合もあります。

⑶信託報酬及び監査報酬（保有している間）

委託者、販売会社、受託者らが投信を運用、管理する際に生じる費用や報酬です。投資した資産、いわゆる信託財産から差し引かれる形で負担します。

⑷売買委託手数料（保有している間）

投信に組み込まれる株式などを売買する際に生じる手数料です。これも信託財産から差し引かれる形で負担します。

販売手数料は購入時に1回支払うだけですが、信託報酬は毎年支払われます。長期にわたり投信を保有するのであれば、販売手数料の高低よりも信託報酬の額をチェックしておく必要があります。

■投資信託からの利益、税金

投資信託への投資から得られる利益には運用益を投資家に分配する「収益分配金」と換金時の「譲渡益」（値上がり益）があります。また、利益に課される税金は株式投資信託と公社債投資信託で異なります。

株式投資信託の場合は、収益分配金のうち普通分配金は「配当所得」として、換金時の譲渡益は「上場株式等の譲渡所得等」として各々に課税され、いずれも税率は20.315％が適用されます。

一方、公社債投資信託の場合は、収益分配金は「利子所得」として、換金時の譲渡益は「上場株式等の譲渡所得等」として各々に課税され、いずれも税率20.315％が適用されます。

7.6.投資信託のリスク

　投資信託は株式投資に比べるとリスクが低く、入門的とされていますが、もちろんリスクはあり、場合によっては元本割れの可能性があります。

　価格変動リスクは株価や債券価格の変動から生じるリスクです。投資信託は様々な株式、債券を組み合わせているので、リスクの高いものから低いものまで様々なものがあります。比較的リスクの低いものは価格変動リスクが低く、さらに為替リスクがない国内債券型です。最も高いものは海外株式型になるでしょう。さらにブル・ベア型と呼ばれる先物・オプション取引を用いて、より高いリターンを目指すタイプの投信は、通常の株式投信よりもリスクが高くなります。

　投信への投資においてはこれらを上手く組み合わせ、リスクを分散させることも大切です。また、外国の株式や債券に投資する投信の場合、資産残高には変化がなくても、為替相場の変動によるリスクがあります。

練習問題

❶投資信託の仕組みとメリットについてまとめてみよう。

❷投資信託の種類とそのリスクについてまとめてみよう。

❸様々な投資信託のパフォーマンスを調べてみよう。

第8章　社会保障制度

国民が安心して生活できる保障を目的としているのが、社会保障制度です。我が国の社会保障制度は充実しています。社会構造の変化や少子高齢化の急速な進展により、改革の必要性が唱えられますが、私たちの生活がどのような保障で守られているか、この章では社会保障制度のなかでも主に社会保険について学んでいきます。

8.1.主な社会保障制度

日本では、国民は健康で文化的な最低限の生活が保障されています。これに基づいて社会保障制度が整えられていて、大別すると公的扶助、社会福祉、公衆衛生、社会保険になります。

■公的扶助

生活に困っている人に対して国が最低限の生活を保障し、自立を助ける制度で、生活保護などがこれに当ります。

■社会福祉

障害者、生活上の介護を必要とする高齢者など社会生活をする上で様々なハンディキャップを持っている人が、そのハンディキャップを克服して安心した生活を送れるよう支援する制度です。

■公衆衛生

人に関する公衆衛生と物や生活環境に関する環境衛生とに分けられ、健康に生活できるように予防、衛生を促すための制度です。

■社会保険

　医療保険、年金保険、介護保険、労働者災害補償保険（労災保険）、雇用保険を総称したものが広義の社会保険です。

　一般的に社会保険といえば、「医療、年金、介護保険」を指し（狭義の社会保険）、「労災、雇用保険」を労働保険と言います。

　この社会保険は税金で賄われる「公的扶助、社会福祉、公衆衛生」と異なり、社会保険料として国民が負担する方式であり、原則強制加入になっています。

　その目的は、病気・けが・障害・老齢・死亡・失業等のトラブルに備え、生活の安定を図ることです。

社会保障制度

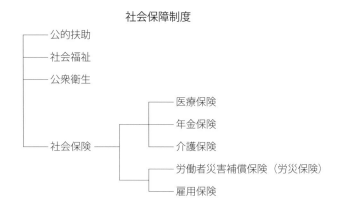

8.2.医療保険制度

　日本の公的医療制度は、世界保健機関（WHO）から世界一と表されたことがあるほど、充実した保険制度です。国民はいずれかの医療保険制度に加入します（国民皆保険）。加入する制度は、職域、地域、年齢という分け方になっています。企業に勤めている人を対象にして職域によって分けられる被用者保険と、被用者保険の退職者や自営業の人を対象に地域によって分けた国民健康保険、他に75歳以上の者を対象とする高齢者向けの医療制度です。

	制度	被保険者	保険者	加入者数(千人)
職域	健康保険	主に大企業の会社員	組合管掌健康保険(組合健保)	28,681
		中小企業の会社員	全国健康保険協会(協会けんぽ)	40,312
	共済保険	公務員	国家公務員共済組合	8,679
			地方公務員共済組合	
		私立学校教職員	私学学校教職員共済組合	
地域	国民健康保険	自営業者等被用者以外	市区町村	28,904
年齢	老人保健	75歳以上の人	後期高齢者医療広域連合	18,060

(2020年度末現在)

■職域健康保険の保険

　中小企業の被用者を対象とした「全国健康保険協会管掌健康保険（協会けんぽ）」と大企業の被用者を対象とした「組合管掌健康保険」があります。

■職域健康保険の保険料

　毎月の保険料は、標準報酬月額をもとに徴収され、賞与についても標準賞与額に毎月の保険料率と同じ率で徴収されます。

◇標準報酬月額とは

　保険料や保険給付の際の計算の基礎になるもので、千円単位で一定の範囲に単純化し、等級ごとに設定された額のことです。健康保険では月額5万8千円から139万円までの50等級に区分されています。

◇標準賞与額とは

　1回ごとの賞与の額の千円未満を切り捨てた額で、上限は年間累計額573万円としたものです。

◇保険料率

- 組合健保：3％～13％の範囲で組合ごとに決めることができ、加入者（労働者）と事業主（会社）が折半か、会社負担を多くすることができます。
- 協会けんぽ：2009年9月から都道府県ごとの保険料率になってい

ます。料率は9.33%〜10.51%（2023年度）で、加入者（労働者）と事業主（会社）とで折半しています。

■標準報酬月額の決定のしかた

◇資格取得時の決定

従業員を採用したときなど、資格を取得するときに「報酬月額」を届け出て決定されます。

◇定時決定

毎月7月1日現在の被保険者全員について、4月、5月、6月の3ヵ月間の報酬の平均額を算出し、「報酬月額算定基礎届」を提出し決定されます。

決定された標準報酬月額は、下の随時改定が行われない限りその年の9月から翌年の8月まで適用されます。

◇随時改定

固定的な給料に変動があり、標準報酬月額に2等級以上の差が生じたときに、変動があった月から4ヵ月目に「標準報酬月額変更届」を提出し、改定されます。

■国民健康保険

国民健康保険は市区町村が保険者となり、職域健康保険の適用を受ける人を除く、当該市区町村に住所を有するすべての住民を対象としています。具体的には、自営業者、自由業者、農林漁業者などとその家族です。

■国民健康保険料（国民健康保険税）

国民健康保険料は市区町村により、国民健康保険税にするか、保険料にするかは任意です。現在、多くの市区町村が保険税としています。

保険税は、所得割・資産割・均等割・平等割の4つの中から各市区町村が決定し、一世帯当たりの年間保険税を算出しています。組み合わせ及び各項目の金額・パーセントは各市区町村により異なるため、住んでいる地域によって保険税は異なります。

■健康保険の給付

　健康保険では、被保険者やその家族が病気やケガをしたり、出産をした場合や、亡くなった場合に給付が行われます。代表的な給付とその条件、給付額を表にまとめました。

代表的な保険給付の種類と内容

給付の種類	給付の条件	給付額等
療養の給付	病気・ケガで医療機関の診察等を受けた時	治療費の7割（自己負担3割）
高額療養費	1カ月(暦月)の自己負担額が一定額を超えた時	自己負担額を超えた金額
傷病手当金	療養のため就労できず、給料の支払われない時	休業4日目から通算1年6ヵ月、1日につき標準報酬額の3分の2
出産手当金	出産予定日以前6週間から産後8週間、出産のため仕事ができず給料が支払われない時	休業1日につき標準報酬額の3分の2
出産育児一時金	産科医療補償制度加入の医療機関等で妊娠週数22週以降に出産した場合	1児につき50万円
埋葬料	本人・扶養家族が死亡した時	一律5万円

◇高額療養費

　医療費の3割相当額だけを負担すればよいといっても、特殊な病気にかかったり、長期療養、入院をしたときは、自己負担額が高額になる場合があります。このような場合の負担額を軽くするために、1ヵ月の自己負担額に一定の上限が設けられています。高額療養費の対象となるのは、健康保険扱いによる自己負担分であり、入院時の食事代、差額ベット代などは含まれません。

　自己負担額の上限月額は所得により異なります。

自己負担限度額

標準報酬月額	自己負担限度額
83万円以上	252,600円＋(医療費－842,000円)×1%
53万円〜79万円	167,400円＋(医療費－558,000円)×1%
28万円〜50万円	80,100円＋(医療費－267,000円)×1%
26万円以下	57,600円
住民税非課税者	35,400円

■健康保険給付申請の手続き

　加入している制度の保険者に対し、申請書に必要事項を記入し、必要な書類を添付して申請手続きを取ります。健康保険給付を受ける権利

は、受けることができるようになった日の翌日から2年で時効になります。給付申請漏れがないよう気をつけましょう。

8.3.公的年金制度

　日本の公的年金制度は明治時代の軍人、官吏のための恩給制度に始まり、その後幾多の変遷を経て整備されてきました。

　1986年の基礎年金制度の導入に伴い、年金制度の大改正が行われ現在の制度となっています。

　改正前は国民年金、厚生年金、共済年金とそれぞれの制度が分立していて、各年金制度に加入するごとに年金番号が付されていました。改正後は基礎年金番号として共通化され、年金制度を移動した場合にも変わらないことになりました。

　現在の年金制度は、全国民に共通した「国民年金（基礎年金）」を基礎に、サラリーマンや公務員等の被用者を対象にした「厚生年金」の2階建ての体系になっています。

年金仕組み図

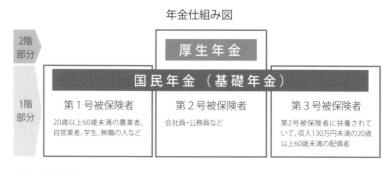

出典）日本年金機構HP

■国民年金

　国民年金は「国内に住所がある20歳以上60歳未満のすべての人」が強制加入する基礎年金で1階部分の年金です。厚生年金に加入している人も国民年金に加入しているとみなされ、将来はここから基礎年金が支給

されます。

被保険者は次の３種類に区分されています。

①第１号被保険者

日本国内に住所のある20歳以上60歳未満の人で次の②、および③に該当しない人。具体的には、自営業者、自由業者、学生、無職の人など。

②第２号被保険者

被用者年金（厚生年金）加入者で上乗せ年金（２階部分）に加入している人。

③第３号被保険者

厚生年金の被保険者の配偶者で、20歳以上60歳未満の人。ただし、年収が130万円以上の場合は第１号、または第２号被保険者となります。

■国民年金保険料（第1号被保険者）

月額16,520円（2023年度）です。もともと毎年４月に見直されていたのですが、2004年の年金改正により毎年４月に280円ずつ引き上げられ2017年度以降16,900円に固定されることになりました。しかし、実際の保険料額は2004年の改正で決まった保険料額に物価や賃金の伸びに合わせて調整されています。

■保険料の納付方法

国民年金保険料は、送付された納付書による現金納付の他口座振替、インターネットによる電子納付、クレジットカード払いなどがあります。また、公共料金収納端末（MMK端末）を設置してあるコンビニ、スーパーでも納付が可能です。

前納割引制度（口座振替早割）を利用すると保険料の割引を受けることができます。

第 *8* 章

社会保障制度

■保険料の支払が困難な場合

　国民年金の第1号被保険者は、保険料の負担能力に関係なく20歳から60歳までの長期間にわたり保険料を納めることになります。しかし、様々な事情で納付することが困難な人もいるため、一定の要件に該当した人は本人の届け出や申請により納付が猶予・免除されます。

　猶予や免除を受けた期間の保険料は後で納付することができます。これを「追納」といい、追納できるのは10年以内の期間に限り、古いものから充当されます。追納すると猶予、免除期間も保険料納付済期間となります。

　猶予や免除の手続きをせずに納付を怠った保険料（滞納保険料）は、2年前までしか遡って納付することができません。

国民年金保険料の猶予と免除

	全額免除	納付猶予	学生納付特例
対象者	制限なし	50歳未満	学生
申請できる所得 （単身者の場合）	67万円	67万円	128万円
所得審査の対象	本人・世帯主・配偶者	本人・配偶者	本人
年金額への反映	2分の1反映	反映されず	反映されず

■厚生年金保険料（第2号被保険者）

　厚生年金は、「2階建て年金」といわれます。被用者は、国民年金（基礎年金）と厚生年金の二重加入となります。

　厚生年金の保険料は、健康保険と同様に毎月の給与（標準報酬月額）、および賞与（標準賞与額）に対し、定められた保険料率により徴収されます。厚生年金保険の保険料率は、年金制度改正に基づき平成16年（2004年）から段階的に引き上げられ、平成29年（2017年）9月を最後に引上げが終了し、現在の保険料率は18.3%で固定されています。保険料の負担は事業主と被保険者の折半になっています。

■第3号被保険者の保険料

　第3号被保険者の保険料は、配偶者の給与から個別に納付するのではなく、第3号被保険者の基礎年金に関わる費用として、厚生年金という制度全体が「基礎年金拠出金」という形で負担しています。したがって

被保険者の保険料の個人負担はありません。

■公的年金の特徴

◇社会保険方式

一定期間の保険料拠出を給付の受給要件とし、保険料を財源として年金給付を行います。現役世代が働いて得た収入から保険料を支払い、それを基に年金支給がなされます。この世代間扶養は、働ける時に保険料を支払い、高齢になり働けなくなったら給付を受けることを制度化し、安定を図っています。

Column 年金の3つの財源

現在の年金制度の財源は、全て保険料で賄われていません。基礎年金の財源には、国庫負担金（税金）が充てられています。その負担割合は2分の1になっています。

また、保険料のうち年金給付に充てられなかったものを年金積立金として運用しています。運用を担当しているのは、年金積立金管理運用独立行政法人（GPIF）で運用についての報道を最近よく目にします。

◇物価スライド方式

年金額の改定については、一定レベルの収入源となるために、物価の変動率に応じてなされることになっています。

◇マクロ経済スライド方式

賃金や労働力人口など社会全体の保険料負担能力の減少を考慮した調整率により改定されます。

■年金給付の種類

年金制度では、支給事由（保険事故）により、

① 老齢になった場合……老齢年金

② 病気やけがで障害を有することになった場合……障害年金

③ 年金の受給者または被保険者（加入者）が死亡した場合……遺族年金

という3つの場合に支給されます。

	国民年金	厚生年金
老齢年金	老齢基礎年金	老齢厚生年金
障害年金	障害基礎年金	障害厚生年金 障害手当金
遺族年金	遺族基礎年金 寡婦年金 死亡一時金	遺族厚生年金

■老齢基礎年金の受給

　老齢基礎年金は、原則保険料納付期間と保険料免除期間が10年以上ある人が満65歳から死亡するまで受給できます。

　2023年度の満額年金額は、795,000円です。年金額は改定ルールに従い、基本的に毎年4月に変更になります。

　満額年金額を受給できるのは、国民年金に満20歳から満60歳になるまで40年間（480ヵ月）保険料を納付した場合です。保険料の未納付期間などある場合は、減額されます。

■老齢厚生年金の受給

　老齢厚生年金は、老齢基礎年金の受給権を有する人で1カ月以上厚生年金保険に加入していた人が受給できます。老齢厚生年金の受給額は、次の計算式により算出されます。

平均標準報酬月額×給付乗率×加入期間月数×物価スライド率

「標準報酬月額」は、厚生年金加入期間中の平均額ですが現在はその算出に過去の報酬の再評価が必要になっていて大変複雑です。

　状況により給付乗率、物価スライド率も変動することが考えられます。

■障害年金

　障害年金は、公的年金に加入している人が疾病やゲガにより重い障害（障害等級1級〜3級）が残った場合に支給されます。基礎年金からは、「障害基礎年金」が支給され、厚生年金の加入者はそれぞれ「障害厚生年金」が上乗せされます。

	厚生年金	基礎年金
重い ↑ 障害の程度 ↓ 軽い	障害厚生年金1級	障害基礎年金1級
	障害厚生年金2級	障害基礎年金2級
	障害厚生年金3級	
	障害手当金	

厚生年金加入者

■遺族年金

　遺族年金は、公的年金に加入している人や加入者であった人が死亡したときに、一定の遺族に支給されます。

　遺族年金も障害年金と同じように加入している制度により、「遺族基礎年金」、「遺族厚生年金」が支給されます。

　遺族基礎年金は、子か子をもつ配偶者に限られます。子のいない配偶者には支給されません。遺族厚生年金は子のいない配偶者にも支給されます。

8.4.労働保険

　労働保険とは、労働者災害補償保険（労災保険）と雇用保険とを総称したもので、労災保険は業務上災害と通勤途上災害による傷病を、雇用保険は失業した場合の給付などを行う制度です。

　労働保険は、法人・個人を問わず労働者を一人でも雇っている事業主は必ず加入しなければなりません。労働者には、パート、アルバイトも含まれます。

■労働者災害補償保険（労災保険）

　労働者災害補償保険制度に基づく制度で、業務上の事由又は通勤による労働者の負傷・疾病・障害又は死亡に対して、労働者やその遺族のために必要な保険給付を行います。

　業務災害については、労働基準法において使用者が療養補償その他の補償をしなければならないと定められています。そこで、労働者が確実に補償を受けられるよう事業主の補償負担の軽減のためにこの制度があります。

■労災保険の保険料

　労災保険料は全額事業主が負担し、労働者の負担はありません。保険料率は、労災発生の危険度に応じて事業の種類ごとに細分化され、1000分の2.5から1000分の88までになっています。

　4月から翌年3月までの賞与を含む賃金総額に該当する保険料率を掛け合わせて保険料を算出します。

■労災の給付

　労災の給付は、仕事上のけがや病気、障害、死亡（業務災害）と通勤途上の災害（通勤災害）があります。

　内容は、療養給付、休業給付、傷病給付、障害給付、介護給付、遺族給付、葬祭料です。

労災給付の種類

<table>
<tr><td colspan="2">療養給付</td><td>業務災害または通勤災害による傷病により療養するとき</td><td>現物給付</td></tr>
<tr><td colspan="2">休業給付</td><td>業務災害または通勤災害による傷病の療養のため働くことができず、賃金を受けられないとき</td><td>休業4日目から、休業1日につき給付基礎日額の60％相当額</td></tr>
<tr><td rowspan="2">障害（補償）給付</td><td>障害（補償）年金</td><td>業務災害または通勤災害による傷病が治ゆした後に障害等級第1級から第7級までに該当する障害が残ったとき</td><td>障害の程度に応じ、給付基礎日額の313日分から131日分の年金</td></tr>
<tr><td>障害（補償）一時金</td><td>業務災害または通勤災害による傷病が治ゆした後に障害等級第8級から第14級までに該当する障害が残ったとき</td><td>障害の程度に応じ、給付基礎日額の503日分から56日分の一時金</td></tr>
<tr><td rowspan="2">遺族（補償）給付</td><td>遺族（補償）年金</td><td>業務災害または通勤災害により死亡したとき</td><td>遺族の数等に応じ、給付基礎日額の245日分から153日分の年金</td></tr>
<tr><td>遺族（補償）一時金</td><td>遺族（補償）年金を受け得る遺族がいないとき等</td><td>給付基礎日額の1000日分の一時金</td></tr>
<tr><td colspan="2">葬祭料</td><td>業務災害または通勤災害により死亡した人の葬祭を行う時</td><td>315,000円に給付基礎日額の30日分を加えた額</td></tr>
</table>

■雇用保険

　政府（厚生労働省）が管掌する強制保険で、労働者の生活及び雇用の安定と就職の促進のために、失業した人や教育訓練を受ける人等に対し必要な保険給付を行います。

■雇用保険の保険料

　雇用保険の保険料は、賃金支払いの総額に一般の事業については1000分の15.5で、このうち1000分の6を労働者が負担し、残りの1000分の9.5を事業主が負担します（2023年度）。また、農林水産業や建設業の保険料率は異なります。

■雇用保険の給付

　失業の際の求職者給付、早期に就職した場合の就職促進給付、能力開発に必要な教育訓練給付、雇用の継続に資する雇用継続給付の4種類があります。

◇求職者給付

　労働者が失業した場合に基本手当が給付され、失業者の生活の下支えの役割を担います。失業とは、労働の意思（就職しようとする積極的な意思）および能力（いつでも就職できる健康状態・家庭環境）があるにもかかわらず、就職できない状態をいいます。

　基本手当の給付内容は、離職前の賃金の額、年齢、離職理由、被保険者であった期間により異なります。

◇就職促進給付

　基本手当の受給中に就職が決まった場合、一定の条件を満たしている人に支給されます。支給残日数や安定した職業に就いているかどうか等により、「再就職手当」「就業促進定着手当」「就業手当」「常用就職支度手当」に分かれています。

◇教育訓練給付

　厚生労働大臣の指定を受けた教育訓練講座を自己負担で受講したときに、訓練にかかった経費（入学料や受講料など）の一部について給付金を受けられます。教育訓練の受講にかかる本人の費用負担を軽くすることにより、知識やスキルの習得や資格取得を支援するものです。

第8章　社会保障制度

◇雇用継続給付

　高齢者や女性の就労の円滑な継続を援助、促進を図るだけでなく、失業中の生活の安定及び再就職の促進を図るために支給されます。内容は「高年齢雇用継続給付」「介護休業給付」になります。

◇育児休業給付

　令和2年4月1日から雇用保険法の目的条文が改正され、「育児休業給付」が雇用継続給付から独立分離されました。そもそも「育児休業」に関しては、失業に関する雇用情勢の影響を受けない給付であり、最近、育児休業の給付金の増加を踏まえて、失業等給付から独立して財政を管理するために法改正されました。

8.5.介護保険制度

■介護保険の概要

　高齢化の進展に伴い要介護高齢者が増加し、その人を介護する家族もまた高齢化しています。このため家族の負担を軽減し介護を社会全体で支え合うことを目的に、介護保険制度を2000年4月より導入しました。

介護保険の概要

	第1号被保険者	第2号被保険者
保　険　者	市区町村	
対　象　者	65歳以上の者	40歳以上65歳未満の医療保険加入者
受給権者	要介護1〜5の者、要支援1〜2の者	特定疾病により要介護者・要支援者に該当した場合
保険料徴収	年金から天引きまたは個別徴収	医療保険の保険料と一括納付
給付内容	介護給付（要介護者）・予防給付（要支援者）・市区町村特別給付	
自己負担	利用限度額の範囲内では、原則1割負担	

　介護保険制度は、寝たきりや認知症等で常時介護を必要とする状態（要介護状態）になった場合や、家事や身支度等の日常生活に支援が必要であり、特に介護予防サービスが効果的な状態（要支援状態）になった場合に、介護サービスを受けることができます。満40歳以上の人全員が

被保険者となり、市区町村が運営しています。介護保険の被保険者は、年齢により第1号被保険者と第2号被保険者に区分されます。

■介護保険の保険料

介護保険給付費の約23%に相当する額を第1号被保険者に保険料として賦課しています。収入等負担能力に配慮し「所得段階別保険料」になっています。制度創設時は5段階設定でしたが、平成18年改正で標準は6段階に、平成27年改正で標準は9段階へと見直されました。また、自治体によっては標準の9段階を超えて多段化を行っています。令和3年度～令和5年度の全国平均の基準額は6,014円になっています。

第2号被保険者の保険料は、公的医療保険（国民健康保険・健康保険・共済組合）の保険料と一緒に徴収されます。

健康保険加入者は料率1.82%（労使折半のため個人負担は、0.910%）になっています（令和5年度）。

国民健康保険加入者は各市区町村によって、所得や資産などに応じた料率で徴収されます。

■介護サービスを受けるための流れ

介護サービスを受けようとする人は、要介護者に該当することおよび該当する要介護区分について、市区町村の認定を受けなければなりません。市区町村は、訪問調査や主治医による意見書などにより、審査を行い認定します。認定は要支援1～2、要介護1～5の7段階および非該当に分かれています。介護サービスの利用は、ケアマネージャーが作成した、介護サービス計画書（ケアプラン）に基づき介護サービスを受けることになります。

第8章 社会保障制度

練習問題

❶社会保障制度の必要性、役割について考えてみよう。
❷国民年金の学生の納付特例を受けるための手続きを確認してみよう。

第9章　保険

　私たちの身のまわりには死亡、病気、ケガ、自動車事故、火災、自然災害、損害賠償など様々なリスクが潜んでいます。第4章で学んだように、「純粋リスク」と呼ばれるこれらのリスクが発生した場合、損害、損失のみが生じてしまいます。リスクを恐れてばかりでは困ります。そこで身のまわりのリスクをできるだけ回避するとともに、万一リスクが発生した時の経済的な損失に備えておくことが大事です。この章ではリスクマネジメントの有効な手段である保険について学びます。

9.1.リスクファイナンシングとは

　リスクファイナンシングとは、リスクマネジメントの手法の1つで、損失を補填するために金銭的な手当をすることです。これは、貯蓄等で損失を自己負担する「保有」と、保険等で第三者に金銭的なリスクを負担させる「移転」に分かれます。

　「保有」か「移転(転嫁)」かの判断はどんなリスクに備えるかによって変わってきます。また「移転(転嫁)」の場合、公的な社会保障制度でどこまで保障してくれるのか、民間保険の上乗せは必要か等が判断基準になります。

■リスク

　私たちの身のまわりにあるリスクは、「人に関するリスク」、自身の「資産に関するリスク」そして、他人に対する「損害賠償のリスク」に大別することができます。それぞれは、さらに細かく分類することができます。代表的なものを図で示してみました。

身のまわりにあるリスク

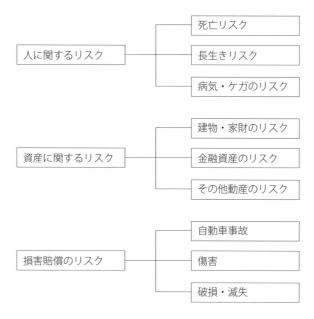

9.2.保険とは

　保険とは、将来起こるかもしれないリスクに対し、予測されるリスク発生の確率に見合った掛け金（保険料）を加入者が公平に負担して、万一の事故に対して備える相互扶助の制度です。

　日本に初めて西洋の保険制度を紹介したのは福沢諭吉と言われています。福沢諭吉はその著書「西洋旅案内」の中で、「災難請合とは商人の組合にありて平生無事の時に人より割合の金を取り万一其人へ災難あれば組合より大金を出して其損亡を救う仕法なり、其大趣意は一人の災難を大勢に分かち僅かの金を棄て大難を遁るる……」と言っています。この、平時にお金を少し集めて、誰かに災難があった時には大金を出して救う、あるいは1人の災難を多くの人たちで分散する、という考えが正に保険のアイデアを説明しています。

　今日、わが国では保険の種類として、表にまとめたように、第一分野から第三分野までの3つの分類がされており、それぞれの分野ではさら

第9章 保険

に細かな種類の保険が存在します。

保険の種類

分類		定　義	主な保険の種類
第一分野	生命保険	人の生死に対して一定額を支払う保険	終身保険、定期保険、養老保険、個人年金保険など
第二分野	損害保険	一定の偶然の事故によって生じる損害を支払う保険	自動車保険、火災保険、賠償責任保険など
第三分野	混合	生損保の垣根が低くなり、明確に区別できない保険	医療保険、がん保険、介護保険、傷害保険など

Column　**貯蓄は三角、保険は四角**

貯蓄：目標を達成するには長い期間をかけ、コツコツと積み立てていきます。貯めたお金は目的を問わず自由に使うことができます。一方、途中で万一の事故が起こった場合、十分な蓄えとなっていない可能性があります。

保険：加入したときから、いつ事故が起きたとしても約束された保障を得ることができます。一方、生命保険会社に支払ったお金(保険料)は一般的には戻ってきません。

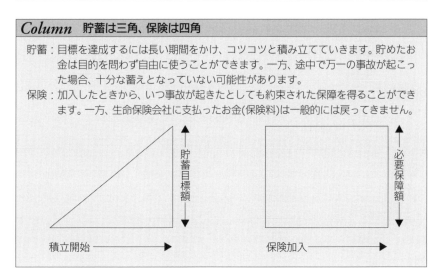

9.3.生命保険（第一分野）

　第8章で学んだように日本では公的保障として「社会保険制度」が備えられています。主たる働き手が万が一、死亡した場合には遺族の生活保障として、「遺族年金」が支払われます。病気やケガで治療を受ける時には、「医療保険」により、原則3割の自己負担で済みます。

　しかし、これらの公的な社会保障だけで経済的損失すべてをカバーすることができないのが現状です。そこで公的保障で対応できないところを、民間の生命保険に加入して備えます。家計の主たる働き手の万一の場合に備え、生命保険に加入します。

■生命保険とは

生命保険とは、「人の生死に関してあらかじめ約定された金額を支払う保険」のことで、生命保険会社のみが引き受けることができます。生命保険には次の2つの機能があります。

①保障機能

死亡・病気・けがなど万一の事態が生じたときに保険金または給付金（保険金等）を受け取る。

②貯蓄機能

無事に満期を迎えたときに満期保険金を受け取る、または中途で解約して解約返戻金を受け取ることができる（注：基本は掛け捨てです）。

■生命保険料のしくみ

生命保険は、大勢の人が公平に保険料を負担しあい、いざというときに給付を受け取るもので、「大数の法則」と「収支相等の原則」に基づいています。

◇大数の法則

1人ひとりにとっては偶然な出来事であっても、多くの人々を集めれば、全体としてどの程度リスクが発生するかを予測できること。例えば、ある人がその年に死亡するかどうかは不確実であっても、1,000人の人を集めれば、1年間に何人死亡するかを確率的に予測することができます。

◇収支相等の原則

生命保険の加入者間は相互扶助の制度であるため、収支は加入者全体で考えます。保険会社は、多数の集団の中で発生する事故などに対する保険金を予測して、これに保険料収入の総額が等しくなるようにします。

収入（保険料＋運用収益）＝支出（保険金＋事業費）

◇生命保険の種類

生命保険は人の生命や傷病にかかわる損失を保障することを目的にす

る保険です。どのような場合に保険金が支払われるかで、3つに大別されます。

死亡保険	被保険者が死亡または高度障害状態の場合にのみ保険金が支払われる	終身保険、定期保険
生存保険	被保険者が保険期間内に生存した場合に保険金が支払われる	個人年金保険
生死混合保険	死亡保険と生存保険を組み合わせたタイプ	養老保険

◇終身保険

死亡保障の確保を目的とする保険で、一生涯の死亡保障が得られる。

定期保険に比べ保険料が高いが、中途解約時に解約返戻金を受け取れる。

◇定期保険

一定期間内に被保険者が死亡・高度障害状態になった場合、死亡保険金や高度障害保険金を受け取れる。

終身保険のように解約返戻金はなく、保険料は掛け捨てだが、終身保険と比べると割安な保険料で大きな保障が得られる。

◇個人年金保険

老後の収入を確保する目的などのため、一定期間もしくは終身にわたって所定の保険金が支払われる。

◇養老保険

貯蓄性の高い保険で、保険期間中に死亡すれば死亡保険金を受け取れる。満期まで生存すれば、死亡保険金額と同額の満期保険金を受け取れる。

■生命保険の基本用語

すでにいくつか出てきていますが、ここで、生命保険に関する基本用語の意味を確認しましょう。

用語	意味
保険契約者	保険契約を結ぶ人
被保険者	保険契約に伴い保険事故の対象となる人
保険金受取人	保険事故が発生したときに保険金を受け取る人
保険事故	死亡・高度障害・入院など保険金や給付金の支払い事由となる出来事
保険期間	保障されている期間、この期間に保険事故が発生した場合に保険金や給付金が受け取れる
保険料	保険に加入するための料金
保険金	被保険者が死亡したときや満期まで生存したときなどに受取人に支払われるお金
給付金	被保険者が入院、手術をしたときなどに受取人に支払われるお金
保険者	保険料を集めて保険事故が発生したとき保険金を支払う人

■生命保険に加入するときの注意点

　生命保険は、必要保障額を考える、保険料は将来も払い込みが可能か、保障ニーズの変化等、ライフプランと合わせて考えることが重要です。

◇必要保障額を考える。

　生命保険は主たる働き手に万が一のことがあった時に、残された家族の生活費等を保障するために加入します。高額な保険に加入していれば安心と言えますが、負担する保険料が高くなってしまいます。そこで残された家族が暮らしていくのに最低限必要とされる金額の保障を得るのがポイントになります。

　遺族の生活費、子どもの教育費などを見積もり、そこから公的な保障額を差し引くことで必要保障額を計算します。

◇保険料は現在だけでなく、将来も払い込みが可能な金額か確認しましょう。

　生命保険は長期にわたる契約です。生活環境や収入の変化も考慮して、将来にわたって保険料を払えるか確認しましょう。

◇保障ニーズの変化に注意しましょう。

　年齢、家族構成や環境の変化に伴い、保障のニーズが変化します。保障ニーズの変化に合わせて無駄のないよう見直していくことが重要です。

> **Column** 保障ニーズの変化
>
> ・独身時代
> 　一般的には扶養する家族がいないため、死亡保障よりも本人が病気やけがで入院したときの医療保障に重点を置きましょう。また最近では病気やけがになって長期間働けなくなった時の収入減を保障する就業不能保険も注目を浴びています。
>
> ・新婚から子育て時代
> 　主たる働き手に万が一のことがあった時に残された家族が最も困る期間です。定期保険で死亡保障を厚くしたり、子どもの教育資金を確保するための学資保険を検討してもいいでしょう。
>
> ・40代・50代（子ども独立後）
> 　子どものための保障が必要なくなりますので、保障額を減額してもいいでしょう。また自身の老後資金を確保するための手段も検討しましょう。

9.4.損害保険（第二分野）

　損害保険の歴史は、海上運送から始まったと言われています。危険を伴う海上運送中の貨物を対象に、沈没などによる損害に備えるために保険制度が発達しました。

■損害保険とは

　損害保険とは、「急激かつ偶然な外来の事故」によって生じた損害額に応じて保険金を支払う保険のことで、損害保険会社のみが引き受けることができます。火災や自動車事故、スポーツ中のケガや第三者に人的・物的損害を与えたりすることなどに対応しています。一定の危険率を乗じた損害額に対する保険金の支払いを目的とするもので、被保険者は保険金が支払われることによって利得を得るものではありません。もし、保険に加入して事故が発生したことにより利得することになれば、故意に事故を発生しかねません。これは公序良俗に反し社会的に認められないことから、損害保険では、「利得禁止の原則」がとられています。保険事故が発生した場合、生命保険では、損失額に関係なく契約した保険金額が支払われます（定額払い）が、損害保険では、契約した保険金額の範囲内で実際の損失額がてん補されます（実損払い）。

第**9**章

保険

損害保険における保険事故とは「一定の偶然な事故」であるものとされています。一定の偶然な事故とは、「急激」で、「偶然」の、「外来」のものです。

急激…突発的なもの。事故と損害の発生が同時で、時間的な間隔がないもの
偶然…予知できない出来事。原因や結果が偶然なもの
外来…身体の外からの作用。ケガの原因が身体の外部にあるもの

ですので，例えば「靴ずれ」や「しもやけ」はケガには違いないのでしょうが、要件を満たさないので保険事故になりません。

■損害保険の種類

　世の中に存在するリスクの数だけ、損害保険の種類があると言われていますが、ここでは代表的な損害保険の種類を説明します。

◇**火災保険**……家屋の火災による焼失をはじめ、自然災害やガス爆発、盗難による被害など、住まいに関わる様々な損害を補償します。

但し、自然災害でも地震は対象外です。地震に備えるには別途地震保険への加入が必要です。

◇**傷害保険**……家庭内、職場内、通勤途上、旅行中など日常生活でケガをした場合に補償します。海外旅行保険は海外旅行中の病気も補償します。

◇**自動車保険**…自動車事故によって他人にケガをさせたり、死亡させた場合の損害を補償します。

自動車保険には自動車を保有したら必ず加入しなければならない強制保険の自動車損害賠償責任保険（自賠責保険）のほか、任意保険の対人賠償保険、対物賠償保険、車両保険等があります。

◇**新種保険**……上記3つ（火災保険、傷害保険、自動車保険）及び海上・
運送保険以外の保険を総称して新種保険と分類しており
ます。賠償責任保険や費用・利益保険などがあります。

Column **自動車保険と自転車保険**

　自動車保険には、法律によって
必ず加入しなければならない強制
保険（自動車損害賠償責任保険）と
運転者の判断で加入する任意保険
があります。任意と言っても約9
割が加入しており、今どき当り前
となっています。

　また、近年自転車のよる事故で
高額な賠償金を請求されるケース
が増えており、被害者保護と加害
者の経済的負担の軽減のために、
自転車保険の加入者が増えてきて
おります。

9.5.混合（第三分野）

　我が国における保険商品の分類には、保険業法上の「第一分野」、「第
二分野」および「第三分野」という分類方法があります。

　第一分野は「生命保険固有の分野」とされ、人の生死について一定の
約定のもとで保険金を支払うものです。第二分野は「損害保険固有の分
野」とされ、偶然の事故により生じた損害に対して保険金を支払うもの
です。

　第三分野とは、第一分野と第二分野の中間に位置し、人のケガや病気
などに備える保険をいい、傷害保険、医療保険、がん保険などがこれに
あたります。第三分野の保険の特徴は、生命保険会社、損害保険会社の
双方で取り扱いがあることです。

　なお、保険法では、第三分野の保険を「傷害疾病損害保険」（損害てん
補方式の傷害疾病保険）と「傷害疾病定額保険」（定額給付方式の傷害疾

病保険）とに区分し、取扱いを細分化しています。

　ここでは第三分野の保険の主力である医療保険とがん保険について学んでいきたいと思います。

■医療保険

　日本には第8章で学んだ「公的医療保険」と生命保険会社や損害保険会社が取り扱う「民間の医療保険」があります。民間の医療保険は公的医療保険でカバーしきれない医療費への備えとして活用されます。例えば病気で入院した際は、公的医療保険で保障される治療費以外に、食事代や差額ベッド代などの多くの費用がかかります。また、先進医療については公的保険適用外のものも多くあります。

　保障内容は保険会社によって様々ですが、基本の保障は「入院給付金」と「手術給付金」で、そこに「先進医療特約」などの様々なオプションをつけることができます。

■がん保険

　日本人の死因のトップは、「がん」です。最近は完治するケースも増えていますが、治療には多額の費用がかかります。また、がん治療では抗がん剤の投与や放射線治療の他、健康保険が適用されない先進医療が用いられることがあります。治療の長期化や再発の危険性もあり、経済的負担が大きくなります。

　がんに特化した医療保険が、「がん保険」です。一般にがんと診断されると、診断給付金が支払われ、その他入院給付金・手術給付金・死亡保険金など保障が充実しています。医療保険では入院給付金の支払い日数に限度入院給付金の支払い日数に上限が定められていますが、がん保険の場合は限度が設けられていないのが特徴です。

　がんと診断されたらいくら、がんで入院したらいくらと給付金が決まってしるタイプ（定額給付）の保険が中心でしたが、最近では実際にかかった治療費実額をまかなえるタイプ（実損てん補）もあります。

Column ソルベンシー・マージン比率

保険会社の経営の健全性をはかる指標のひとつです。保険金の支払い余力を意味しています。支払余力とは、大災害や景気低迷などの通常の予測を超える事態が起こった場合の保険金の支払い能力のことです。

ソルベンシー・マージン比率は、200％を健全性の基準としています。200％を超えて数値が高いほど支払い余力があると言えます。逆に200％を下回ると金融庁から経営改善命令が出されます。

保険は長期にわたる契約のため、加入する際には保険会社の経営状態をチェックしましょう。

ソルベンシー・マージンは、保険各社のディスクロージャー資料で公開されています。また、マネー雑誌にも一覧表が掲載されています。

練習問題

❶生活の中で起こりうるリスクとそれに伴う経済的損失について考えてみよう。

❷経済的損失をカバーするのに必要な保険について考えてみよう。

第*9*章

保険

第10章　税金

　私たちは国や地方公共団体から様々なサービスの提供を受けています。道路や水道などの社会資本整備、年金、医療などの社会保障・福祉、教育、警察、消防、防衛などの公的サービスにより、豊かで安心な生活をおくることができます。それらの費用は税金で賄われています。サラリーマンは毎月の給与から所得税が源泉徴収され、年末調整で精算されます。そのため多くの人は税金を身近に感じることがありません。

　この章では、私たちの生活に密接な関係がある税金について学びます。

10.1.納税の義務

　日本国憲法の第30条に、「国民は、法律の定めるところにより、納税の義務を負う」と規定されています。私たちは法律に基づいて納税しなければなりません。

Column　**国民の義務　3つ**

　日本国憲法には国民の3大義務というものがあるとされており、その1つが「納税の義務」です。残りの2つは、「教育の義務」と「勤労の義務」です。

　教育の義務は、第26条1項で国民に教育を受ける権利が規定されていることを受けて、第26条2項で「子女に普通教育を受けさせる義務を負う」と規定されています。

　勤労の義務は第27条1項に「国民は勤労の権利を有し、義務を負う」とあります。何だか国から働くことを強制されているようですが、そうではないでしょう。国民全員が働くことを止めて、社会保障に頼ってしまっては、国が成り立たなくなりますよね。働ける機会や能力のある人は働いてくださいね、くらいの解釈で良いのではないでしょうか。

　教育を受けることで働く機会や能力を得ます。働くことで賃金を得て、納税します。機会は平等でも結果は異なることがあります。福祉や社会保障を通じて納めた税が分配されます。国民の3大義務というのは互いにリンクしあっていると考えると良いのかもしれません。

10.2.税金の役割

　税金はその使われ方により機能を有しているとみなすことができます。以下では代表的な税金の役割を紹介します。

■財源調達機能
　私たちの生活は、様々な公共のサービスを受けています。公共サービスを提供するためには多くの費用が必要となります。この資金を調達することが税金の主な役割です。

■再分配機能
　税金の支払額は国民すべて均一ではなく、それぞれの支払能力に応じて税金額が決められます。一般的に所得が高額な人や資産をたくさん持っている人は、税金の負担能力が高いとみなされ多くの税金を負担してもらいます。一方、負担能力の小さい人には税金を少なくし、社会保障を厚くして国民の富の格差を縮め、社会の安定を図っています。税金の負担割合を変えることにより、所得や資産の再配分が行われています。

■経済安定化機能
　不況期には減税を行い、個人や会社の手元に資金が多く残るようにして景気が上昇するようにし、逆に好況期には増税を行い、景気を抑制します。また、景気対策の一環として設備投資に特別償却を認めるなどして、投資の促進や消費の拡大を刺激するなどの役割もあります。

10.3.税金の種類

　税金には様々な種類があります。一番身近な税金といえば消費税です。モノを買ったときに負担しなければならない税金です。
　その他思いつく税金には、どのようなものがあるでしょうか？
　働いて所得を得たら所得税、親が亡くなり財産を相続すれば相続税、土

地を所有していれば固定資産税というように色々な税金を負担しています。

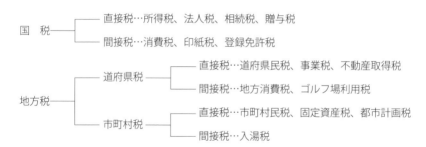

■どこに支払うのか（支払う先によって分類される）

　国に納める国税と地方公共団体に納める地方税に分類されます。地方税はさらに、都道府県税と市町村税に分けられます。

　国税の代表的なものは、所得税、法人税、相続税です。一方、地方税は県民税、市町村民税、固定資産税などです。

■何に課税されるのか

　何に対して課税されるのかにより所得課税、資産課税、消費課税に分類されます。

◇所得課税

　個人や会社の所得に対して課税されるもの。個人の所得に課税されるものが所得税、会社の所得に課税されるものが法人税です。

◇資産課税

　資産に対して課税されるもの。土地や建物を所有していると課税される固定資産税。亡くなった人から相続する財産に課税される相続税。生きている人から財産を譲り受けたときには贈与税。

◇消費課税

　モノの消費やサービスの提供に対してかかる税金。消費税、タバコ税、酒税など。

第
10
章

税
金

■誰が税金を負担するのか

◇直接税

　税金を負担する人と納める人が同じ場合を直接税といいます。所得税、法人税、相続税などが直接税です。

◇間接税

　税金を負担する人と納める人が異なる場合を間接税といいます。代表的なものは消費税でモノを購入した消費者が税金を負担しますが、納税するのは販売した事業者です。

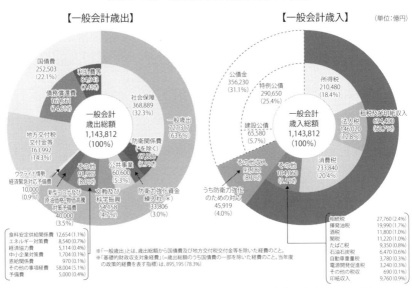

令和5年度一般会計予算 歳出・歳入の構成

（注1）計数については、それぞれ四捨五入によっているので、端数において合計とは合致しないものがある。
（注2）一般歳出における社会保障関係費の割合は50.7%。

出典）財務省

10.4.身近な税金(1)　消費税

　消費税は商品を購入したり、サービスの提供を受けたりといった「取引」対して広く公平に課税されます。消費者が購入した商品や提供を受

けたサービスの金額に消費税相当分を上乗せして支払います。たとえば、消費税率が10％のとき、100円ショップで100円の商品を買うと私たちは110円支払います。100円が商品代で、10円が消費税です。

　お店は消費者から預かった10円の消費税を税務署に納めます。ところで、100円ショップは商品を仕入れる際に仕入れ先の工場に自ら消費税を支払っています。その分の消費税は工場が納税しますから、このままだと二重払いになってしまいます。取引の各段階で消費税が二重三重に課税されることがないように、事業者は売上に係る消費税額から仕入れに係る消費税額を控除して納付します。

消費税の納税のしくみ

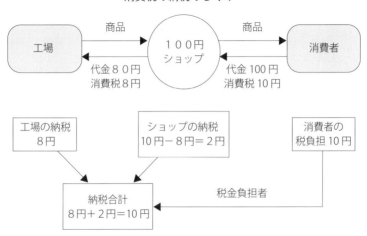

　消費税は、1989年（平成元年）に創設された新しい税金です。「消費」に対して課税される税金なので、所得税や法人税よりも景気に左右されることなく、税収が安定している特徴があります。日本の少子高齢化が進む状況の中、社会保障を見据えたときに重要な税金となると位置づけられています。

消費税率の変遷

1989年4月	税率3％
1997年4月	税率5％（消費税4％、地方消費税1％）
2014年4月	税率8％（消費税6.3％、地方消費税1.7％）
2019年10月	税率10％（消費税7.8％、地方消費税2.2％）

■課税対象と非課税取引

消費税の課税対象の4要件は次の通りです。

> ①国内で行われる取引
> ②事業者が事業として行う取引
> ③対価を得て行われる取引
> ④資産の譲渡や貸付または役務の提供

　この4要件を満たさない取引には、消費税は課税されません。それを一般的に不課税取引といいます。例えば、国外取引、対価を得て行うことに当たらない寄付や単なる贈与、出資に対する配当などがこれに当たります。

　また、4要件を満たしていても消費税の性質になじまないものや社会政策的配慮から非課税とされる取引があります。これを非課税取引といい、以下のようなものがあります。

◇消費税の性質になじまないもの

- 土地の譲渡および貸付
- 有価証券等の譲渡
- 預貯金の利子及び保険料を対価とする役務の提供等
- 商品券、プリペイドカードなどの物品切手等の譲渡
- 国等が行う一定の事務に係る役務の提供

◇社会政策的配慮から

- 社会保険医療の給付等
- 介護保険サービスの提供
- 学校教育
- 住宅の貸付け

■納税方法

　消費税の納税額は、売上の際に預かった消費税額から仕入や経費の支

払いの際に支払った消費税額を差し引いて納税額を計算します。

　消費税の申告・納税は、法人税や所得税と同じ期間（課税期間、通常1年間）で行います。納税義務者は1年間の消費税を計算し、納税額を算出し納税します。

■納税義務者

◇納税義務者

　商品の販売やサービスの提供などを行った事業者が納税義務者になります。前記の計算により求めた消費税、地方消費税を合わせて納税します。

◇免税事業

　課税期間の基準期間（法人は前々事業年度、個人事業者は前々年）における課税売上高が1,000万円以下の事業者は免税事業者となり、消費税の納税義務が免除されます。

　しかし、令和5年10月に始まったインボイス制度により、適格請求書（インボイス）発行事業者は、課税売上高にかかわらず、納税義務は免除されなくなりました。

◇基準期間のない法人

　設立して間もない会社などのように、課税期間の基準期間がない法人については、原則として納税義務が課されません。例外的にその事業年度開始の日における資本又は出資の金額が1,000万円以上の法人については、納税義務が免除されません。

Column　インボイス制度の免税事業者への影響

　インボイス制度を機に免税事業者は、①従来通り免税事業者のままでいる、②免税事業者からインボイス発行事業者になる、という2つの選択を迫られました。①の場合、免税事業者から商品やサービスを購入した事業者は仕入税額控除を使えなくなるため、免税事業者に代わって消費税を納めなければなりません。その結果、免税事業者に対する仕事の発注が減少する等の影響が懸念されます。一方、②の場合、インボイス制度開始前は消費税が免除されていた事業者に消費税納税の負担が増加します。いずれにしても課税売上高1,000万円以下の零細事業者にとってはマイナスの影響があります。

10.5.身近な税金⑵　所得税

■所得税ってどんな税金？

　所得税とは、個人が1月1日から12月31日（1暦年）までの1年間に得た「もうけ」に対して課税される税金です。「もうけ」とは、獲得した収入からその「収入」を得るために支出した経費を差し引いたもので、これを「所得」といいます。一般的には収入と所得は同じ意味のように思えますが、所得税法上は収入と所得は異なります。

所得金額＝収入金額―必要経費（収入を得るために支出した経費）

　所得税は「所得」金額に一定の税率を掛けて税額を計算します。

■所得税の原則

　所得税は個人の様々な要因による所得に対して広く課税され、税収の約3割を占めています。そのため課税の公平を図るための3つの原則が定められています。

所得税の計算方法（概要）

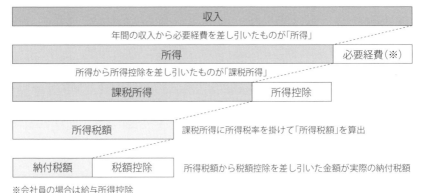

※会社員の場合は給与所得控除

◇個人単位課税の原則

　所得を得た個人に対して課税される。一家の生活を夫婦2人の収入で賄っている場合、夫婦の収入を合算して所得税を計算するのではなく、各人の所得に基づいて税金を計算する。

◇暦年単位課税の原則

個人の1暦年間（1月1日から12月31日）ごとの所得に対して課税される。所得の計算期間を選ぶことはできない。

会社に課税される法人税では、会社ごとに自由に計算期間（事業年度）を設定できる。

◇応能負担の原則

各個人の税金を負担する能力（担税力）に応じて課税される。

・量的な担税力

所得が多ければ多いほど、担税力は強いと考えられ超過累進税率が採用されています。たくさん稼いでいる人ほど税金をたくさん負担する仕組みになっています。

所得税の速算表（平成27年度以後）

課税される所得金額		税率	控除額
	1,950,000円以下	5%	0円
1,950,000円超	3,300,000円以下	10%	97,500円
3,300,000円超	6,500,000円以下	20%	427,500円
6,500,000円超	9,000,000円以下	23%	636,000円
9,000,000円超	18,000,000円以下	33%	1,536,000円
18,000,000円超	40,000,000円以下	40%	2,796,000円
40,000,000円超		45%	4,796,000円

出典）国税庁HPより作成

Column **超過累進課税**

一定の金額ごとに異なる税率が定められていて、その基準金額を超えた部分に対してその税率が課されることになります。

課税所得が500万円の場合

195万円までは5%　　　　　　　195万円×5%＝97,500円

195万円超330万円までは10%　（330万円－195万円）×10%＝135,000円

330万円超500万円までは20%　（500万円－330万円）×20%＝340,000円

納税額は、97,500＋135,000＋340,000＝572,500円

速算表にあてはめると

　　　5,000,000×20%－427,500＝572,500

で一致します。

第10章

税金

・質的な担税力

所得の種類によって負担する税額計算を分けます。

得た所得金額が同じであってもその内容は異なります。

- ・働いて得た100万円
- ・株式投資をして得た100万円
- ・土地を売って得た100万円
- ・年金で得た100万円

金額は同じでもこれらを得た内容が違うため、同次元の課税をすることは好ましくありません。そのため所得税法では所得を10種類に分類し、それぞれの性質に基づいた課税を行っています。

10の所得　利子所得、配当所得、不動産所得、事業所得、給与所得、退職所得、山林所得、譲渡所得、一時所得、雑所得

■所得税の計算の概略

第1段階　各種所得金額の算出

10種類の所得に区分して、必要経費等を差し引いて所得金額を算出する

第2段階　課税標準の計算

上記所得金額で一定のものを除き各種所得を総合する（総所得金額）。一定の赤字は、他の黒字の所得と相殺する（損益通算）。前3年以内の純損失等があれば控除する（損失の繰越控除）。

〈所得計算の計算事例：小売業の場合〉

売　上	30,000,000円
仕　入	20,000,000円
人件費	5,000,000円
経　費	2,800,000円
所　得（もうけ）	2,200,000円

サラリーマン（給与所得者）の場合、収入は毎月受け取る給与総額（額

給与所得控除額表（令和２年分以降）

給与等の収入金額 (給与所得の源泉徴収票の支払金額)		給与所得控除額
	1,625,000円以下	550,000円
1,625,001円超	1,800,000円以下	収入金額×40％－　100,000円
1,800,001円超	3,600,000円以下	収入金額×30％＋　　80,000円
3,600,001円超	6,600,000円以下	収入金額×20％＋　440,000円
6,600,001円超	8,500,000円以下	収入金額×10％＋1,100,000円
8,500,001円超		1,950,000円（上限）

出典）国税庁HP

面）。必要経費は所得税法で定められた給与所得控除額となり、給与総額から給与所得控除額を差し引いた金額が所得（もうけ）になります。

第３段階　　課税所得金額の計算
　　　　　　　　上記金額から、特別控除や基礎控除などの所得控除額（15種類）を控除し、課税所得金額を算出する。

第４段階　　納付税額の計算
　　　　　　　　課税所得金額に該当する税率を乗じて税額を計算する。

第５段階　　納付税額の算出
　　　　　　　　算出した税額から各種税額控除、源泉徴収税額などを差し引いて納付税額を算出する。

　所得税は総合課税を原則としますが、退職所得、山林所得、譲渡所得のうち土地建物、株式の譲渡によるものは他の所得と分けて分離課税となります。

◇分離課税とは

　質的担税力の配慮や政策上の理由から、他の所得と合計しないでそれだけに独自の税率を掛けて税金の計算をする方法です。

第10章

税金

◇非課税所得

　所得税は、個人の「もうけ」に課税されますが政策上の配慮、担税力の考慮、二重課税の防止などの理由から一定の非課税所得が規定されています。

　　勤労者財産形成住宅貯蓄及び勤労者財産形成年金貯蓄の利子等
　　障害者や遺族などの受け取る恩給、年金等
　　給与所得者に支給される一定の旅費、限度額内の通勤手当等
　　非課税口座内の少額上場株式等に係る配当等及び譲渡所得等（NISA）
　　　　　　　　　　　　　　　　　　　　　　　　　　　　　　　　など

■15種類の所得控除

　各種所得金額の計算段階で考慮されなかった損失や支出金額について、税負担の調整という観点から設けられています。

人的控除

	対象者	控除額	本人の所得要件
基礎控除	本人	最高48万円	2,500万円以下
配偶者控除	合計所得48万円以下の生計を一にする配偶者を有する者	一般　最高38万円 老人　最高48万円	1,000万円以下
配偶者特別控除	合計所得48万円超133万円以下の生計を一にする配偶者を有する者	最高38万円	1,000万円以下
扶養控除	合計所得48万円以下の生計を一にする親族等を有する者	一般　　38万円 特定　　63万円 老人　　48万円	
障害者控除	本人や控除対象配偶者、扶養親族が障害者	27万円	
寡婦控除	夫と離婚、かつ、扶養親族を有する者	27万円	500万円以下
ひとり親控除	婚姻をしていない、かつ、合計所得48万円以下の子を有する者	35万円	500万円以下
勤労学生控除	本人が学生、生徒	27万円	75万円以下

その他控除

	概要	控除額
雑損控除	住宅家財等について災害、盗難、横領による損失が発生又は災害関連支出があう場合	損失の一部
医療費控除	納税者又は納税者と生計を一にする配偶者、親族の医療費の支払	支払った医療費の一部
社会保険料控除	社会保険料の支払	支払った保険料の額

小規模企業共済等掛金控除	小規模企業共済等の掛金の支払	支払った掛金の額
生命保険料控除	一般生命保険料、介護医療保険料、個人年金保険料の支払	一定額
地震保険料控除	地震保険料の支払	支払った保険料の全額（最高限度額あり）
寄付金控除	特定寄付金の支出	支出額の一部

出典）財務省HPより筆者作成

■申告

　所得税は、納税者が自ら税務署へ所得などの申告を行うことで納税額が確定し、この確定した税額を納税する「申告納税方式」を採っています。その年の1月1日から12月31日の間に生じた所得金額に基づいて所得税額を計算し、翌年の2月16日から3月15日までに住所地の税務署に確定申告を行い、納税しなければなりません。

Column **年収の壁と源泉所得税**

　パートやバイトで働く場合、その年収によって自分自身が所得税や社会保険料を支払わなくてよい、夫や親等の家族の所得税負担が変わる等のいくつかの壁があります。103万円の壁、130万円の壁、150万円の壁などと言われています。

　また、月々の支給額によっては源泉所得税が控除されています。年末まで勤めて勤務先が年末調整で税金を精算してくれればいいのですが、年の途中で辞めたときは精算が済んでいません。そうした場合は退職時に源泉徴収票を発行してもらい、確定申告をすれば納めた税金が還付されるかもしれません。

■給与所得者（サラリーマン）は特別？？？

◇給与所得とは

　給料、賃金、歳費、及び賞与などこれらの性質を有する給与に係る所得を給与所得といいます。

　給与所得は、

**　　給与所得＝収入金額－給与所得控除額**

で計算されます。

> ## *Column*　給与所得控除額は大きい？
>
> 　給与所得控除額は表（P.135）の通りになっています。給与所得者は、一定範囲の経費額が給与所得控除よりも大きくなれば、給与所得控除にかえて、経費の実額を差し引いて申告することが認められています（特定支出控除）。
>
> 　しかし、多くの給与所得者は実額経費の方が小さく、申告する人は稀です。それだけ給与所得控除額が大きいと言えます。
>
> 　大きな控除額が認められていて自分自身で申告しないので、税金に対する関心が薄れているのかもしれません。

◇給与所得の源泉徴収制度

　サラリーマンやOL（以下給与所得者）は、毎月支給される給与・賃金などからあらかじめ所得税が天引きされます。これを給与所得の源泉徴収といいます。所得税法では、給与を支払う事業主を源泉徴収義務者と規定し、給与等を支払う際には所得税を天引きする義務を課しています。所得税を預かった事業主は原則翌月10日までに国に納税します。

◇年末調整

　前述のとおり、給与所得者は給与の支払を受ける際に源泉徴収制度により所定の所得税を徴収され納税しています。その源泉徴収した税額の1年間の合計額は、給与の支払いを受ける人の年間の税金額と一致しないのが通常です。

　事業主は1年間の給与総額が確定する年末にその年に納めるべき所得税額を計算し、それまでに徴収した税額との過不足を精算します。この精算手続きを「年末調整」と言います。

　所得税について確定申告制度をとっていますが、大多数の給与所得者は確定申告と縁がなく、所得税の申告納税が完結します。

◇源泉徴収票

　給与所得者は、年末調整が終わると事業主から、「給与所得の源泉徴収票」が交付されます。この源泉徴収票は給与所得に関する情報が色々と記載されていて、非常に重要なものです。

第*10*章
税金

給与所得の源泉徴収票

令和 **1** 年分　　**給与所得の源泉徴収票**

支払を受ける者	住所又は居所	370-0801 群馬県高崎市上並榎町△△△				

（受給者番号）

（個人番号）□□□□□□□□□□□□

（役職名）

氏名　（フリガナ）　○○　○○

種別	支払金額	給与所得控除後の金額	所得控除の額の合計額	源泉徴収税額
給料・賞与	内　5 400 000	3 780 000	3 017 408	内　38 900

（源泉）控除対象配偶者の有無等		配偶者（特別）控除の額	控除対象扶養親族の数（配偶者を除く。）				16歳未満扶養親族の数	障害者の数（本人を除く。）		非居住者である親族の数
有	従有	老人		特定		老人		その他		特別	その他	
		千　　　円	人 従人	内 人 従人	人 従人	人 従人	人	内 人	人	人
		0	1	1	1	1				

社会保険料等の金額	生命保険料の控除額	地震保険料の控除額	住宅借入金等特別控除の額
内　961 580	80 000	5 828	

（摘要）

生命保険料の金額の内訳	新生命保険料の金額	121 536	旧生命保険料の金額		介護医療保険料の金額	83 089	新個人年金保険料の金額		旧個人年金保険料の金額	

住宅借入金等特別控除の額の内訳	住宅借入金等特別控除適用数		居住開始年月日（1回目）	年　月　日	住宅借入金等特別控除区分(1回目)	住宅借入金等年末残高(1回目)	
	住宅借入金等特別控除可能額		居住開始年月日（2回目）	年　月　日	住宅借入金等特別控除区分(2回目)	住宅借入金等年末残高(2回目)	

（源泉・特別）控除対象配偶者	（フリガナ）		区分	配偶者の合計所得	国民年金保険料等の金額	174 918	旧長期損害保険料の金額	
	氏名	○○　□□						
	個人番号							

控除対象扶養親族		（フリガナ）		区分	16歳未満の扶養親族		（フリガナ）		区分	（備考）
	1	氏名	○○　△△			1	氏名			
		個人番号					個人番号			
	2	氏名	○○　△□			2	氏名			
		個人番号					個人番号			
	3	氏名				3	氏名			
		個人番号					個人番号			
	4	氏名				4	氏名			
		個人番号					個人番号			

未成年者	外国人	死亡退職	災害者	乙欄	本人が障害者		寡婦		寡夫	勤労学生	中途就職・退職					受給者生年月日						
					特別	その他	一般	特別			就職	退職	年	月	日	明	大	昭	平	年	月	日

支払者	個人番号又は法人番号	（右詰で記載してください。）	
	住所（居所）又は所在地	群馬県高崎市上並榎町○○○	
	氏名又は名称	株式会社　ＦＰオフィス	（電話）

整理欄		

375

◇源泉徴収票から読み取れるもの

- 支払金額……1年間の給与・賞与総額（額面金額）
- 給与所得控除後の金額……必要経費と認められている給与所得控除額を差し引いた金額
- 所得控除の額の合計額……給与所得者に認められた所得控除の合計額（物的控除、人的控除の合計額）
- 源泉徴収税額……1年間の所得税額

給与所得控除後の金額から所得控除の合計額を差し引くと課税所得が求められます。その金額に所得税率を掛けて求められたものが所得税額になります。

とかく給与所得者は、自分の所得税額に無頓着になりがちです。源泉徴収票を受け取った時に収入金額だけでなく、所得税額にも関心を持つようになりましょう。

また、給与所得者が確定申告をする場合、また住宅購入などで借入を行う場合などにこの源泉徴収票は必要となりますので大事に保管しましょう。

Column ふるさと納税

　ふるさと納税は、自分の故郷や応援したい自治体に対して寄付を行った場合に、寄付額のうち2,000円を超える部分について、所得税及び住民税からそれぞれ控除が受けられる制度です。実質自己負担額2,000円のみで応援したい地域の名産品や宿泊券などが返礼品としてもらえる魅力的な制度です。

控除の仕組み

出典）総務省ふるさと納税ポータルサイト

練習問題

1 自分が支払っている税金の種類、金額を確認してみよう。

2 消費税の福祉目的税化について考えてみよう。

第11章　不動産

　私たちの生活の中で基本となるものは、何といっても「衣・食・住」です。そのうち、「衣・食」は普段の生活の中でなんとなく、やり過ごすことができます。しかし「住」は、ライフプランの中でしっかり考えていかなくてはなりません。この章では前半で住宅取得について、後半で不動産の基礎知識について学びます。

11.1.住宅取得

　賃貸がいいのか、持ち家がいいのかは、人それぞれの価値観や生活の仕方により一概には結論がでません。しかし、賃貸住宅の場合でも、住宅を購入する場合でも、多少の違いはありますがトータルでみれば多額のお金がかかります。

　賃貸と購入の考えられるメリット・デメリットは表のとおりです。

賃貸と購入のメリット・デメリット

	賃　　　貸	購　　　入
メリット	いつでも引越しができる 収入の変化に応じてグレードを選べる 多額のローンを抱えなくてすむ	土地や建物が自分の資産になる 増改築が自由にできる ローン完済後の維持費は少額ですむ
デメリット	家賃の負担がずっと続く 更新料がかかる 老後での賃貸に不安がある	簡単に引越しできない 思わぬ収入減があった場合、ローン負担が厳しい

　高度経済成長下では、持続的なインフレが続いたため住宅購入は最適な資産形成術でした。インフレにより土地・建物の価値は上昇し、反対に住宅ローンの価値は下がりました。

　しかし、成熟経済に入った現在の状況では、住宅購入が有利とは言えなくなっています。「家賃並みの住宅ローン返済で夢のマイホームが手に入ります」といった広告につられ、安易に購入するのは避けたいものです。

　一般に住宅ローンの返済期間は長期にわたるため、子どもの教育資金、セカンドライフの生活設計等を念頭におき、しっかりとしたライフプランに基づいた「住」を考えてください。

Column　中古住宅の流通促進

　少子高齢化が進行して住宅ストック数が世帯数を上回り空家が増加する中、中古住宅の流通促進に向けた取組みが進んでいます。その1つに中古住宅の建物評価（インスペクション）のガイドライン策定があります。

■資金計画

　住宅を購入する時には、自己資金で賄うことができればいいのですが、通常では住宅ローンを借りることになります。住宅ローンを借り入れる場合でも、自己資金は2～3割程度を準備したいものです。

　よく、自己資金＝頭金と思いこみ、契約してから諸費用が必要であることに気づいたり、入居後に部屋のサイズに合った電化製品、家具やカーテンを購入する費用が必要であることに気づいたりということがあります。

　また、貯蓄すべてを使い切ることなく、購入後の生活準備金として多少手元に残るように資金を準備したいものです。

■諸費用

　住宅を取得するときには、土地や建物の代金のほかに各種の諸費用を支払うことになります。諸費用とは税金や手数料などのことで、物件やさまざまな条件により異なりますが、おおむね

　　　新築物件　物件価格の3～7％程度

　　　中古物件　物件価格の6～10％程度

になります。

◇住宅取得時に必要な税金など

印紙税	工事請負契約書や売買契約書に貼付
登録免許税	土地所有権移転登記や建物所有権保存登記等の費用

登記手数料	登記手続きを依頼した司法書士への報酬
不動産取得税	建物:固定資産税評価額×4%　土地:固定資産税評価額×4%（原則）
仲介手数料	不動産屋に支払う手数料

◇住宅ローンに関連する費用

印紙税	住宅ローン申込時の金銭消費貸借契約書に貼付
融資手数料	金融機関に支払う手数料、定額と定率とあり
ローン保証料	返済不能となった時、保証会社に肩代わりしてもらうための費用
団体信用生命保険料	住宅ローンを借りた人が死亡したり、高度障害になった時、住宅ローン残金が支払われる保険
火災保険・地震保険料	加入が住宅ローン借入の要件となることもあり
登録免許税	抵当権設定登記の費用

◇その他費用

仮住まい費用	建替えの場合は必要
地鎮祭費用	地鎮祭を執り行う神職への謝礼
引越し費用	ゴミ処理代や電話移設費などもあり

■自己資金計画

　自己資金は2～3割を用意しましょうと書きましたが、それで十分という訳ではありません。ローン返済を考えれば、自己資金は多ければ多い程よいことです。

　準備するには、どのような方法があるでしょうか。

　住宅取得の準備期間の長短にもよりますが、できるだけ安全性を重視した金融商品で準備するのがいいと考えます。収益性の金融商品で準備しても構わないのですが、購入時期になったときに大きく値下がりしていたのでは、住宅購入の計画を見直さなければならなくなります。

　確実に目標額を準備するということでは、預貯金での積立がよいでしょう。勤務先で財形貯蓄を扱っている場合には、財形住宅貯蓄を利用すると有利です。

　住宅財形貯蓄は、給与天引きで積み立てるもので、元本合計550万円までの利子が非課税になります。

そのほか、自己資金の準備として、親からの贈与を受けるという方法もあります。「住宅取得等の贈与税の非課税」制度や相続時精算課税制度を利用すれば有効です。

Column 住宅取得等の贈与税

父母や祖父母など直系尊属からの金銭の贈与により、住宅を取得した場合、一定の要件を満たすときは、贈与税が非課税になります。年により、要件や非課税限度額も変わるため実際に利用する際は、しっかり確認して下さい。

11.2.住宅ローン

住宅購入資金を自己資金で賄えない時は、住宅ローンを借りることになります。

最大の注意は、「借りられる額」を借りるのではなく、返済期間を通して無理なく「返せる額」を念頭において借入してください。

場合によっては購入物件の価格を下げなければならないかもしれませんが、自分の家計規模に見合ったものにしておかないと後々大変なことになります。

■住宅ローンの返済方法

返済方法として、「元利均等返済」と「元金均等返済」があります。

◇元利均等返済

元利均等返済は、毎回の返済額が一定で、返済期間の経過とともに返済額のうちの元金部分と支払利息部分の割合が変わっていくものです。

返済額が一定であるため、家賃を払っていたときと同じようにローン返済の負担がかわらないので、返済計画が立てやすいです。しかし、元金均等返済に比べると利息の負担が大きくなります。

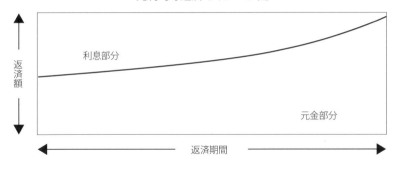

元利均等返済のイメージ図

利息部分

元金部分

返済額

返済期間

◇元金均等返済

　元金均等返済は、毎回の返済額のうち、元金部分の返済が一定で、支払利息部分を上乗せして返済していくものです。したがって、ローン残高が減少するとともに利息の負担が軽くなります。毎回の返済額も返済が進むにつれ、少なくなっていきます。

　元利均等返済に比べ、利息の負担は軽くなりますが、返済当初の返済額が大きくなってしまいます。

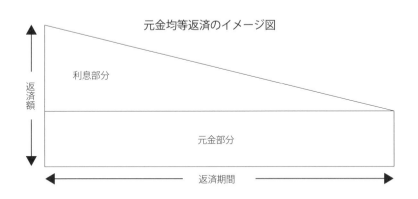

元金均等返済のイメージ図

利息部分

元金部分

返済額

返済期間

◇住宅ローン返済金額比較例

　借入金額　2,500万円

　返済期間　30年

　利　　率　3％（固定金利）

	返済総額	毎月返済額
元利均等返済	3,794万円	105,401円
元金均等返済	3,628万円	131,770円

注1　金額は概算です。
注2　元金均等返済の毎月返済額は返済当初の金額です。
注3　計算方法は第3章を参照のこと

■金利

　住宅ローンの金利には、固定金利型、変動金利型、固定金利選択型などがあります。その時々の経済情勢や将来の金利見通しにより選択することが重要です。

◇固定金利型

　固定金利型はローンを借りた時の金利が返済終了まで一定で、変わらないローンです。ローンを借りる時点で返済終了までの金利が明らかになるので、計画が立てやすくなります。

◇変動金利型

　変動金利型は返済途中で、市場金利の変動に応じて金利が見直されるローンです。通常、民間の金融機関で取り扱っている変動金利型の住宅ローンの場合、金利の見直しは半年に一度となっています。

　金利が変動することにより、支払利息の負担が重くなったり、軽くなったりします。

◇固定金利選択型

　固定金利選択型は返済当初の一定期間の金利が固定されるローンです。固定期間終了後は、その時点の金利で再度固定期間か、または変動金利型に移行するかを選択します。

■住宅ローンの種類

　住宅ローンは公的ローンと民間ローンの2つに分けられます。公的ローンというと「住宅金融公庫融資」がその代表格でしたが、2007年3月で廃止されました。また「年金住宅融資」も2005年1月に廃止されています。

◇財形住宅融資

財形住宅融資は現在もある唯一の公的ローンになります。融資を受ける条件としては

- 継続して1年以上財形貯蓄を行っている（財形住宅貯蓄に限らず、一般財形・財形年金でも構わない）
- 借入申込時に貯蓄残高が50万円以上ある

融資を受けることができる金額は、財形貯蓄残高の10倍相当額（最高4,000万円）で、実際に要する費用の90％までです。

金利は返済の開始から終了までの全期間、5年ごとに適用金利を見直す5年固定金利制です。

◇民間住宅ローン

銀行や保険会社などで取り扱う住宅ローンを総称して、「民間住宅ローン」と言います。

以前は、どの金融機関で借りても商品内容、金利も同じでしたが、現在ではいろいろなタイプの住宅ローン商品が登場しています。

◇フラット35

「フラット35」とは、2007年4月に住宅金融公庫が改組されて誕生した、住宅金融支援機構が民間金融機関と提携して提供する最長35年の全期間固定金利の住宅ローンです。

金利や手数料は金融機関によって異なります。融資を受けることができる金額は、8,000万円以下で購入価格の100％までです。

■団体信用生命保険

住宅ローンは借入額が高額で、返済期間が長期になります。そのため、返済期間中に万が一ということがあるかもしれません。そのときのために住宅ローンに付随する生命保険として、団体信用生命保険があります。

団体信用生命保険は、住宅ローンの返済中に契約者が死亡や高度障害になった場合に、本人に代わってローン残高を支払うものです。主たる働き手の死亡により、ローンだけが残ってしまわぬ様、配慮されたもの

です。

■住宅ローンの繰上げ返済

　住宅購入時にライフプランを考えて組んだ住宅ローンでも年月が経過するにつれて状況が変化します。

　住宅ローン返済中に、まとまった貯蓄ができた場合などには、残高の全部または一部を返済することにより、住居ローンの負担を軽くすることができます。

　この返済のことを繰上げ返済といい、返済した元金に掛る利息を減らすことができます。条件によりますが100万円の繰上げ返済をするだけで、200万円以上も総返済額を少なくできるケースもあります。

　繰上げ返済をする場合、民間ローンでは一般的に手数料が必要となります。また、返済条件・繰上げ返済額・受付期間などが異なりますので、事前に確認しておく必要があります。

■繰上げ返済の方法
◇期間短縮型
　毎月の返済額を変更せずに返済期間を短くする方法です。

◇返済額軽減型
　残りの返済期間を変更せずに毎月の返済額を減額する方法です。

　利息の軽減効果を比較すると期間短縮型が有利になりますが、その時の家計状況により判断すればいいと思います。

■繰上げ返済の注意点
　繰上げ返済は、一般的に返済開始から早い時期に、返済期間が長いもの、高い金利のもの、借入残高の多いものからするのが良いと言われます。無理して繰上げ返済をした結果、それ以降の生活に支障がないかどうかもしっかり検討しましょう。

繰上げ返済のイメージ

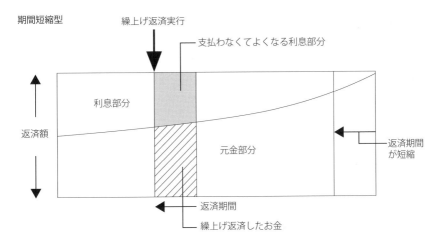

期間短縮型

繰上げ返済実行

支払わなくてよくなる利息部分

利息部分

返済額

元金部分

返済期間が短縮

返済期間

繰上げ返済したお金

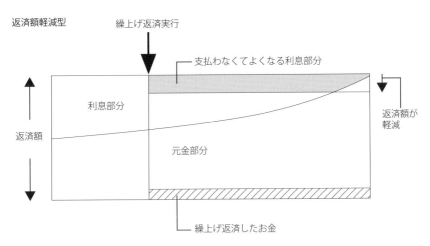

返済額軽減型

繰上げ返済実行

支払わなくてよくなる利息部分

利息部分

返済額

元金部分

返済額が軽減

繰上げ返済したお金

11.3.不動産とは

　ライフプランにおいて重要な住宅取得について学んだところで、不動産についての基礎知識について学びましょう。

　不動産とは、民法第86条第１項に土地及びその定着物と定められています。不動産以外の物は、すべて動産になります。定着物とは、土地に付着しているもので、取引上、土地とは別個のものとされています。

　文字が表わすように、不動でその移動が容易でないものと理解できま

す。一般的に不動産といえば「土地」、「建物」と考えて差し支えありません。

　不動産、とくに土地は社会経済的にきわめて重要な資産であり、私的所有権が認められています。また、公共財としても重要であるため、その利用や取引にあたって多く規制されていて、関連する法律や税制も複雑になっています。

■不動産の権利

◇所有権

　不動産を所有する権利。所有者は、法令の制限内において、自由にその所有物を使用・収益・処分することが出来ます。

◇賃借権

　賃貸借契約に基づいて、他人が所有する土地や建物を利用させてもらう権利。対象が土地の場合は「借地権」、建物の場合は「借家権」と言います。

◇抵当権

　抵当権とは住宅ローンなどでお金を借りた人（債務者）が返済できなくなった場合（債務不履行）に、債権者が担保とした土地や建物をもって弁済を受ける権利のこと。抵当権を設定した不動産については、返済のためにその不動産が競売などにかけられた場合、抵当権者は他の債権者に優先して弁済が受けられます。

11.4.不動産登記制度

　不動産登記制度は、不動産の物理的概要（所在地、面積、構造など）や所有権その他の権利の変動を不動産登記簿に記載して、一般に公開することにより、不動産取引の安全と円滑を図っています。

　不動産登記簿は土地や建物にとっての戸籍、あるいは履歴書というものであり、1筆の土地、1棟の建物ごとに1組の登記簿が作られています。

不動産登記簿の内容

登記の種類	構　成		登記の記載内容
表示の登記 （義務の登記）	表題部		土地や建物の表示に関する事項
		土地	所在、地番、地目、地積等
		建物	家屋番号、種類、床面積、構造等
権利の登記 （任意の登記）	権利部	甲区	所有権に関する事項
			移転の日付、目的、原因、所有者等
		乙区	所有権以外の権利に関する事項
			抵当権が設定されている場合には、設定された日付、原因、債権者、債権額等

　登記簿は「表題部」と「権利部」から構成されていて、「権利部」は「甲区」と「乙区」に区分されています。

　不動産登記簿は、法務局等で公開されていて、申請すれば誰でも入手することができます。

■不動産登記の効力と問題点

◇対抗力

　所有権の移転や抵当権の設定などの不動産の権利変動は登記がなければ、第三者に対抗できないとされています。

「第三者に対抗する」とは、例えば土地の売買を行って買主が所有権の移転登記をしないうちに、売主が第三者にその土地を二重に譲渡してしまった場合、当初の買主は登記がなければ、後から購入した人に対して自分に所有権があると主張できないということです。したがって、このような二重売買が行われた場合には、先に登記をした人が所有権を取得することになります。登記ができず、所有権が認められない人は、売主に対して契約違反の責任を問うことになります。

◇公信力

　登記官は形式的な審査権しか持っていないため、登記には公信力を認めていません。例えば、偽装登記をした場合は、真実の権利者とは異なる人が権利者として登記されることになります。このような登記を信頼して取引をした人は原則として法的に保護されず、真実の権利者から返

還を求められた場合には、応じなければなりません。

　不動産取引をする場合は、登記上の権利者が真実の権利者であるかどうか、慎重に調査確認することが重要になります。

11.5.不動産の価格

　土地は同じものが存在しないし、利用目的などによってもその価値の評価は大きく変化します。対象の不動産価格が適正であるかを知ることは非常に難しく、1つの土地に5つもの価格（一物五価といわれます）が存在します。

◇**実勢価格**

　実際に取引が成立した際の価格。周辺において取引があった場合は、地価相場としての参考にはなるが、土地には個別性があり、その金額で対象とする土地が売買できるとは限りません。

◇**公示価格**

　地価公示法に基づいて、国土交通省が毎年1月1日を基準日（価格時点）として、3月末頃に公表します。土地取引の指標や公共事業に係る補償金の算定基準になります。

◇**基準地価格（標準価格）**

　国土利用計画法施行令に基づき、都道府県が毎年7月1日を基準日（価格時点）として、9月末頃公表されます。この価格は公示価格を補完するものです。

◇**相続税評価額（路線価）**

　国税庁が毎年1月1日の時点で宅地の面する路線（街路）ごとに宅地1㎡当たりの標準価格（単位：千円）として評価し、7月頃に公表します。相続税評価額は、相続税や贈与税を算出する際の基準となり、公示価格

の80％の水準となるように評価されています。

◇固定資産税評価額

　市町村に設置されている固定資産評価委員が３年ごとに１月１日時点で固定資産の価格として、公示価格の70％程度になるよう評価します。固定資産税評価額は、固定資産税、都市計画税、不動産取得税および登録免許税などの基準となります。

不動産価格の種類

	概　　要	調査時点	調査頻度	価格水準
実勢価格	実際の取引価格など	―	―	
公示価格	売買の目安（国土交通省）	1月1日	毎年1回	―
基準地価格	売買の目安（都道府県）	7月1日	毎年1回	公示価格×100％
相続税評価額	相続税、贈与税の計算に使用	1月1日	毎年1回	公示価格×80％
固定資産税評価額	固定資産税、不動産取得税等の計算に使用	基準年度の前年の1月1日	3年に1回	公示価格×70％

■不動産鑑定評価

　不動産の現実の取引では、当事者間の事情により価格は大きく変動します。そこで適正な価格がどうか判断するために、専門家である不動産鑑定士などによる鑑定評価が行われます。

　不動産鑑定評価の方式は、原価方式、比較方式および収益方式の３つがあります。

◇原価法

　再調達原価（例えば、評価の対象となる中古の建物を新築するとした場合の原価）を求め、これに減価修正（経年減価等による減額）を行って評価額を求めます。主に建物価格を求める際に適用されます。

◇取引事例比較法

　類似の売買事例をもとに、条件の違いを考慮、調整して評価額を求めます。土地等の評価において最も利用される方法です。

◇収益還元法

　不動産が将来どの程度の収益をあげられるかという収益性に着目して、評価額を求めます。直接還元法とDCF法（ディスカウントキャッシュフロー法）に分けられます。直接還元法は、純収益を還元利回りで割って求めます。DCF法は、連続する複数の期間の純収益と復帰価格を現在価値に割引して求めます。これは、投資を目的とする不動産の評価に有効です。

11.6.不動産売買契約上の留意点

　一般に、不動産の売買契約は、買主が手付金を支払い、当事者間で売買契約を締結し、その後、売主からの所有権移転、引渡しおよび登記書類の交付と同時に買主が残金を支払う方法がとられます。

■手付金

　手付金は、契約の締結に際し当事者の一方から相手方に交付される金銭です。不動産取引では、しばしば手付の授受が行われます。手付金の額については、民法上特に制限はありませんが、宅地建物取引業法では、宅地建物取引業者が自ら売主となる場合は、代金の10分の2を超える手付金を受領してはならないとされています。

■売買対象面積
◇土地の面積

　土地の場合、登記面積と実測面積とが必ずしも一致しているとは限りません。売買契約においては、公簿売買の場合、売買対象面積は登記面積とし、測量による差異の精算はありません。実測売買の場合、売買対象面積は実測面積とし、登記面積と相違がある場合、契約書に定める単価に基づいて売買代金の増減精算を行います。

◇建物の面積

　建物の床面積は壁芯（壁の中心線で測った面積）計算によりますが、

マンションの専有部分の登記面積は内法（壁の内側で測った面積）計算によります。マンションの新規分譲で建物の完成前に分譲する場合は、契約書やパンフレットは壁芯面積で表示されることがあります。こうした場合、内法面積で表示される登記面積は、契約書やパンフレットの表示面積よりも小さくなります。

■危険負担

契約成立後、引渡し前に、目的の不動産が火災・地震・水害など売主の責によらない事由により建物等が滅失、毀損した場合、そのリスクを当事者のどちらが負担するか、という問題のことを危険負担と言います。かつては買主の負担となり、買主は売買代金を全額支払わなければなりませんでしたが、2020年4月1日から施行された民法改正により、売主の負担に変わりました。

■契約不適合責任

2020年4月1日に施行された民法改正により、これまでの「瑕疵担保責任（かしたんぽせきにん）」に代わって、「契約不適合責任」が登場しました。

契約不適合責任とは、契約に基づき引き渡された目的物が契約内容と適合しない場合に、目的物を引き渡した側が負う責任のことをいいます。従来の瑕疵担保責任では、「隠れた瑕疵」があった場合に売主の責任を追及できましたが、契約不適合責任では、隠れた瑕疵かどうかではなく契約内容に適合しているかどうかが問題となります。

11.7.不動産投資

不動産投資で得られる収益は、所有している不動産の賃貸収入（インカム・ゲイン）と、所有している不動産の売却益（キャピタル・ゲイン）に分けられます。

かつては、「地価は右肩上がりに上昇する」という土地神話がありまし

た。実際に不動産を長期保有していれば大きなキャピタル・ゲインを得ることができました。しかし、バブルが崩壊し、土地神話は過去のものになりました。

現在はインカム・ゲインを重視した不動産投資が主流になってきております。さらに、現物資産である不動産の金融商品化よって、多額、非流動性、重税といった不動産投資のデメリットが軽減され、益々身近な投資対象になりつつあります。

■不動産投資の判断指標

◇単純利回り

年間賃料総収入を総投資額で除して算定されます。表面的な不動産の収益性を比較する場合など、最も簡便に収益性を把握したい場合に用いられます。

$$単純利回り（\%）＝\frac{年間賃料総収入}{総投資額}×100$$

◇純利回り

年間賃料総収入から管理費等の諸経費を差し引いた純収入を総投資額で除して算定されます。諸経費を考慮しており、不動産の収益性を評価する際に最も基本となる収益率です。

$$純利回り（\%）＝\frac{年間賃料総収入－諸経費}{総投資額}×100$$

練習問題

❶住居の賃貸と購入のメリット・デメリットについて話し合ってみよう。
❷住んでみたい地域、間取りをイメージし、住居に係る総額を試算してみよう。
❸不動産投資のリスクについて考えてみよう。

第12章　贈与・相続

　相続は基本的に誰にでも起こり得る事柄です。誰かが亡くなった場合、その人の財産を相続した人は相続税を納税しなければなりません。この章では前半で贈与について、後半で相続について学びます。

12.1.贈与とは

　贈与とは、自己の財産を無償で相手方に与える意思を示し、相手方がそれを受諾することによって成立する契約です。例えば、Aさんが自分の財産である現金100万円をBさんにあげますと言い、Bさんがそれを承諾したときに贈与契約が結ばれたことになります。お互いが意思表示をし、了解すれば贈与は成り立ちます。なお、贈与契約は当事者のみ2人の間だけで成り立ちます。もし贈与を受けるBさんが亡くなった場合にBさんの親族や子どもはこの贈与について権利を主張することはできません。

　贈与の意思表示は口頭でも書面でもかまいません。口頭による場合は、まだ履行していない部分については取り消すことができますが、すでに履行したものについては取り消すことができません。一方、書面による場合はまだ履行されていない部分も取り消すことができません。

■贈与の種類

- 定期贈与……定期的な給付を目的とする贈与
- 負担付贈与……財産の贈与を受けた者に一定の給付義務を負わせる贈与「土地を贈与するにあたり、借入金の一部を負担させる」
- 死因贈与……財産を贈与する者が死亡して効力が発生する贈与
- 通常の贈与……上記以外の贈与（契約後速やかに、引き渡しが行われる）

■遺贈

遺贈とは、遺言によって他人に財産を無償で供与することです。一方的に意思表示できる単独行為であり、贈与のような契約ではありません。遺言により財産を与える人を「遺贈者」、財産を受取る人を「受遺者」と言います。

遺贈には包括遺贈と特定遺贈とがあります。

◇包括遺贈

包括遺贈とは、遺産の全部または一定の割合で示された遺贈です。例えば、「全財産の4分の1を遺贈する」と記載します。

◇特定遺贈

特定遺贈とは、具体的に財産を特定した遺贈です。「土地Xを甲さんに遺贈する」と記載します。

12.2.贈与税

贈与税は、個人からの贈与により財産を取得した個人に課税されます。財産をもらった人が納税しなければなりません。相続や遺贈により財産を取得すると相続税が課税されますが、生前中に贈与をくりかえし、相続財産を少なくすることにより相続税を回避することが可能となってしまいます。そのような過度な相続税対策を規制するため贈与税が設けられています。つまり贈与税は相続税を補完する税として位置づけられているのです。

贈与税はあくまで個人と個人の贈与でのみ課税されます。法人から個人への贈与は、一時所得や給与所得として所得税の対象になります。個人から法人への贈与は、贈与を受けた法人は時価で財産を受け取ったものとして受贈益を計上することになり、結果法人税の対象となります。

■贈与税の課税方法

贈与税の課税方法には、「暦年課税」と一定の要件に該当する場合に選択できる「相続時精算課税」があります。

◇暦年課税

1年間（1月1日から12月31日、1暦年）に贈与を受けた財産の合計額から基礎控除額（110万円）を差し引いた残額について、税率を掛けて税額を計算します。

1年間に贈与された財産が110万円以下であれば贈与税は課税されません。

贈与を受けた年の1月1日において18歳以上の者が直系尊属（父母や祖父母）から贈与を受けた財産(特例贈与財産)については、「特例税率」を適用します。

また、特例贈与財産に該当しない財産（一般贈与財産）については、一般税率を適用します。

〈例示〉

現金200万円と300万円の車の贈与を受けた場合（一般贈与財産）

受贈財産額　500万円（200万円＋300万円）

基礎控除額　110万円

課税財産額　390万円（500万円－110万円）

贈与税額　　53万円（390万円×20％－25万円　速算表より）

贈与税の速算表

課税贈与財産		特別贈与財産		一般贈与財産	
		税率	控除額	税率	控除額
	200万円以下	10%	－	10%	－
200万円超	300万円以下	15%	10万円	15%	10万円
300万円超	400万円以下			20%	25万円
400万円超	600万円以下	20%	30万円	30%	65万円
600万円超	1,000万円以下	30%	90万円	40%	125万円
1,000万円超	1,500万円以下	40%	190万円	45%	175万円
1,500万円超	3,000万円以下	45%	265万円	50%	250万円
3,000万円超	4,500万円以下	50%	415万円	55%	400万円
4,500万円超		55%	640万円		

◇相続時精算課税

　相続時精算課税とは、60歳以上の父母または祖父母から、18歳以上の子または孫に対し、財産を贈与した場合において選択できる贈与税の制度です。贈与額の総額から2,500万円までが非課税になり、それを超えた分は一律20%の贈与税が課税されます。贈与者が死亡し相続税を計算する際に、贈与した財産を加算して相続税を計算します。暦年贈与と比較して短期間で相続人に財産を移転させることができます。

　なお、一度この制度を選択すると従来の暦年課税方式へは戻れません。

　※令和5年度税制改正により、令和6年1月1日以後は相続時精算課税に係る基礎控除が創設されました。

■贈与税の申告と納税

　1月1日から12月31日までに、個人が基礎控除額（110万円）を超える財産の贈与を受けた場合には、贈与を受けた人が贈与税の申告をしなければなりません。

　複数の人から贈与を受けた場合は、贈与を受けた財産の合計が課税対象になります。

　申告納税の時期は、翌年2月1日から3月15日です。3月15日までに申告書を作成し、納税しなければなりません。

■贈与税の非課税財産

　財産の性格上、国民感情などの観点から一定の財産については贈与税が課税されません。

◇夫婦や親子などの扶養義務者間での生活費や教育費

　ここでいう生活費は、その人にとって通常の日常生活に必要とされる費用であり、教育費は学費や教材費、文具費などに充てるための費用です。生活費や教育費の名目であってもそれを預金したり、株式や不動産などの購入資金に充てている場合は非課税財産になりません。

◇社会通念上妥当と認められる祝い金、香典等の金品

　世間一般的な金額の祝い金や香典は社交上必要なものとされ、非課税財産になります。結婚披露宴に招待された時の祝儀の相場は2万円から5万円ですが、20万円、50万円は社会通念上おかしいのではということになります。

◇法人からの贈与

　法人からの贈与は贈与税の対象にはならず、所得税の課税対象になります。

◇相続開始年分の被相続人（亡くなった人）からの贈与

　この場合は贈与税の課税対象とはならず、相続税の課税対象になります。

Column　贈与税の特例

　第11章のコラムで述べた住宅取得資金のほか、教育資金や結婚・子育て資金等の贈与を父母や祖父母など直系尊属から受けた場合、相続税が非課税となる制度があります。これらの制度には親世代から子世代へ資産をスムーズに移転させて、経済を活性化させようとする狙いがあります。

12.3.相続

■相続とは

　相続とは、人の死亡によって、その人が持っていた財産の権利義務を引き継ぐことを言います。受け継ぐ財産は、土地、建物、現預金などのプラス財産だけでなく、借入債務や損害賠償債務などのマイナスの財産も含みます。ただし、被相続人（死亡した人）の一身に専属したもの（勲章や年金受給権）は相続から除かれます。

■民法と税法

　相続に関する法律は、民法第5編「相続」の章に規定され、民法の一部として存在しています。それとは別に税法には、相続税法があります。

　民法（相続法）も相続税法も、相続に関し基本的には同じ取り扱いに

なっていますが、一部違いがあります。これは権利義務関係を調整する民法の規定だけでは、不当に相続税額を少なくする手続きが行われ、税負担の公平さを欠くおそれから異なる規定を設けています。

民法と相続税法の比較

	民　　法	相続税法
法定相続人に含める養子の数	何人でも相続人になれる	実子がいる場合…1人まで 実子がいない場合…2人まで
相続の放棄	相続人の数にいれない	相続税総額の計算等においては、法定相続人の数に入れる

■承認と放棄

相続人は、原則として被相続人の財産を引き継ぎますが、多額の債務があるような場合には、相続したくないこともあります。そこで、財産を相続するかどうかの判断は、相続人に任されています。相続人は相続の開始があったことを知った日から3ヵ月以内に相続するか否かの意思決定をしなければなりません。

◇単純承認

被相続人のすべての財産（積極財産・消極財産）を無条件で相続します。相続人が積極的に相続する旨の意思表示をした場合のほか、なにも意思表示しなければ単純承認したものとみなされます。

◇限定承認

相続人が受け継いだ資産（積極財産）の範囲内で債務（消極財産）を相続するものです。債務がどれくらいあるかわからない場合や特定の財産を相続したい場合などに利用します。

限定承認は相続開始を知った日から3ヵ月以内に相続人全員で家庭裁判所に申述しなければなりません。

◇相続放棄

相続財産の承継を拒否する場合に利用します。この場合は資産（積極財産）も債務（消極財産）もいっさい相続しないことになります。

相続放棄も相続開始を知った日から3ヵ月以内に家庭裁判所に申述しなければなりませんが、限定承認と違い単独で行うことができます。

■相続人と相続人の順位

被相続人の財産を引き継ぐことのできる一定範囲の人のことを法定相続人といいます。法定相続人となるのは、被相続人の配偶者と子、直系尊属、兄弟姉妹に限られます。

配偶者は常に相続人となり、血族関係者は順位が定められています。

第1順位　子
第2順位　直系尊属
第3順位　兄弟姉妹

順位の高い人がいない場合に次順位の人が相続人になります。

法定相続人とは、欠格、廃除、放棄等がなかった場合の法律上、相続人と規定されている人です。一方、相続人とは、実際に財産を相続した人をいいます。

相続人のケースと法定相続分

相続人のケース	法定相続分	
配偶者と子	配偶者：2分の1	子：2分の1
配偶者と直系尊属	配偶者：3分の2	直系尊属：3分の1
配偶者と兄弟姉妹	配偶者：4分の3	兄弟姉妹：4分の1

同順位に複数人いる場合は均等に案分

◇代襲相続

相続開始時において、本来相続人となるべき子、または兄弟姉妹が既に死亡している場合は、その者の子が代襲相続人となります。

■遺産分割

相続の開始と同時に被相続人の財産は相続人に移転します。相続人が複数人いる場合には、相続財産は共有財産となります。この共有財産は必ずしも法定相続分で分割しなければならないというものではありません。共有財産を各相続人に帰属させる手続きが遺産分割です。

遺産分割の方法

指定分割	遺言により分割方法を指定
協議分割	共同相続人全員の協議により全員の合意で成立
調停	家庭裁判所の調停のもと協議
審判	家庭裁判所の審判により分割

■遺言とは

　人の死亡後において、その人の意思を実現するための法律行為をいい、その人の死亡とともに法律効果が生じます。満15歳以上の人であれば遺言能力が認められています。

　遺言によって、被相続人は自由に財産の処分を決めることができます。遺言により財産を処分することを遺贈といいます。言い換えれば遺言による財産の無償贈与です。この場合、財産を与えた人を遺贈者、財産を受け取った人を受遺者といいます。受遺者は被相続人との身分関係に関係なくだれでもなることができます。遺言は財産の処分・分割に自分の意思を残すことができ、また財産を円満に承継させるのに有効な手段とされています。

　ただし、遺言は民法の定める方式、形式に従わなくてはなりません。

遺言の種類

	公正証書遺言	秘密証書遺言	自筆証書遺言
遺言の作成者	公証人（※1）	遺言者	遺言者
証人の要否	2人以上必要	2人以上必要	不要
保管場所	公証役場	本人	本人
内容の秘密性	保てない	保てる	保てる
裁判所の検認	不要	必要	必要
作成費用の有無	公証役場手数料	公証役場手数料	不要

※1　公正証書遺言は、遺言者が遺言の趣旨を公証人に口授し、公証人がそれを
　　筆記して作成されます。

■遺留分とは

　被相続人は遺言により相続財産を自由に法定相続人以外に遺贈することができます。しかしそれでは残された遺族が生活できなくなるという事態が起こるかもしれません。こうした、あまりにも法定相続人に不利益な事態を防ぐために、遺産の一定割合の取得を法定相続人に保障しています。それを「遺留分」といいます。

相続人の遺留分を侵害する遺言も当然に無効となるわけではなく、遺留分を取り返す権利を行使するかどうかは相続人の自由になっています。

遺留分権利者	配偶者、子(代襲相続人含む)、直系尊属 ※兄弟姉妹には遺留分は認められない
遺留分割合	相続人が直系尊属だけの場合：相続財産の3分の1 その他の場合　　　　　：相続財産の2分の1

遺留分を有する相続人は、遺留分を侵害された場合、侵害額について金銭の支払を請求することができます。これを「遺留分侵害額請求」といいます。令和元年7月1日より施行された民法改正以前は「遺留分減殺請求」という制度でした。

■相続時の問題点

「相続の問題」というと多くの人が相続税を連想します。しかし、相続税の納税はごく限られた人が対象になるだけです（12.4参照）。現実に起こる問題は、分割が難しい財産（例えば居住している住宅）のみが相続財産だったという様な時です。家を出て生活している人も立場によって、遺留分を請求してきます。

相続財産を売却してしまい、売却代金を分割できれば良いのですが、現在住んでいる住居など売却できません。そのような時には、代償分割が行われます。

代償分割とは、特定の相続財産を取得した人が他の相続人に自分の固有の財産を提供することです。

特定の財産を相続する人は、代償として提供できる資産を用意しておくことが必要になります。

12.4.相続税

相続税は、人の死亡により死亡した人の財産を相続または遺贈により取得した場合にかかる税金です。しかし、実際に相続税を申告納税している人はわずかです。2021年（令和3年）の死亡者数（被相続人）は約

144万人ですが相続税が発生した人は、13万4千人あまりで、その割合は9.3%です。相続や遺贈により財産を取得しても取得した財産が一定の金額未満だと相続税は発生しません。

相続税の基礎控除額

【改正前】 5,000万円＋ （1,000万円 × 法定相続人の数）		【改正後】 3,000万円＋ （600万円 × 法定相続人の数）

　一定の金額とは、基礎控除額で「3,000万円＋600万円×法定相続人の数」です。2015年（平成27年）の税制改正により基礎控除額は引き下げられました。

　例えば、両親に子ども2人の家族でお父さんが亡くなった場合、法定相続人は3人。基礎控除額は4,800万円になります。お父さんの残した財産が4,800万円以下の場合には、相続税の申告義務はありません。

■相続税の課税財産
　相続税の対象となる財産は、本来の財産、みなし財産、生前の贈与財産になります。

◇本来の相続財産
　動産・不動産、有形無形を問わず、相続または遺贈により取得したすべての財産です。

◇みなし相続財産
　本来は相続財産ではないが、被相続人の死亡を原因として相続人のもとに入ってきた財産をいいます。本来の相続財産ではないが、経済的効果が相続財産とみなすことができるため、課税公平の見地から相続財産とみなされます。

　みなし相続財産は、死亡保険金や死亡退職金などです。

　みなし相続財産には相続税が課税されますが、一定額（500万円×法定

相続人の数）までは非課税財産となります。

◇生前贈与加算

相続や遺贈によって財産を取得した人が、相続開始前3年以内（2024年1月1日からは7年以内に延長）に被相続人から贈与を受けた財産は相続財産に加算されます。

■債務控除

被相続人に債務が存在する場合は、それを差し引いた正味財産に対して相続税が課税されます。

	控除できるもの	控除できないもの
債務	銀行借入金、所得税等の未払税金、未払医療費 など	お墓や仏壇等を買った時の未払金 など
葬式費用等	通夜、葬儀、埋葬、火葬、納骨に要した費用 など	香典返しの費用、法会費用 など

相続税の計算の流れ

イ. 課税価格の合計額の計算

ロ. 課税遺産総額の計算

ハ. 法定相続分による仮の所得金額の計算

ニ. 各法定相続人ごとの相続税額の計算

ホ. 相続税の総額の計算

ヘ. 各人の相続税額の計算

| 相続税の総額 | × | 甲の実際に取得した割合 | = | 甲の相続税額 |

| 相続税の総額 | × | 乙の実際に取得した割合 | = | 乙の相続税額 |

| 相続税の総額 | × | 丙の実際に取得した割合 | = | 丙の相続税額 |

ト. 各人の納付税額の計算

| 甲の相続税額 | + | 税額加算 | − | 税額控除 | = | 甲の納付税額 |

| 乙の相続税額 | + | 税額加算 | − | 税額控除 | = | 乙の納付税額 |

| 丙の相続税額 | + | 税額加算 | − | 税額控除 | = | 丙の納付税額 |

相続税の速算表

法定相続分に応ずる所得金額	税率	控除額
1,000万円以下	10%	−
1,000万円超から3,000万円以下	15%	50万円
3,000万円超から5,000万円以下	20%	200万円
5,000万円超から1億円以下	30%	700万円
1億円超から2億円以下	40%	1,700万円
2億円超から3億円以下	45%	2,700万円
3億円超から6億円以下	50%	4,200万円
6億円超	55%	7,200万円

■相続税の計算

　相続税の課税方式には、遺産課税方式と遺産取得課税方式の二つの方法があります。

　遺産課税方式とは、被相続人の遺産額に応じ、累進税率で課税することにより、遺産分割のいかんに関係なく相続税額が決まる方式です。

　遺産取得課税方式とは、個々の相続人等が相続する財産に焦点を当て、相続した遺産額に応じて課税する方式です。

　現在の相続税の課税方式は、両者を折衷する方法として遺産所得課税の建前を維持しつつ、遺産を相続したすべての相続人等が納付すべき相続税の総額を法定相続人の数と法定相続分によって決定する方式（法定相続分課税方式）がとられています。

■申告と納税

　相続人は納付すべき相続税額がある場合には、その相続の開始があっ

たことを知った日の翌日から10カ月以内に相続税の申告と納税をしなければなりません。

　納税の原則は金銭で一時納付です。しかし、金銭一時納付が困難な場合には延納、金銭一時納付も延納も困難な場合には、物納により納付することができます。

■相続対策

　相続対策は、①遺産分割対策、②納税資金対策、③節税対策の３つになります。

①遺産分割対策（争族対策）

　所有する財産の多さに関わらず、何かしらの財産が残されていれば、争族にならないよう、どのように分割承継させるのかを考えておく必要があります。

　対策としては、遺言書の活用、生前贈与の活用などです。

②納税資金対策

　相続税は現金納付が原則ですので、納税のための現金あるいは現金化しやすい財産を準備しておく必要があります。対策として生命保険などです。

③節税対策

　少しでも多くの財産を残したいと考える場合には、合法的な範囲での対策を考えます。

　対策としては、相続財産の評価減や贈与税の非課税枠の活用などです。

Column　エンディング・ノート

　人生には限りがあります。人は生まれてくるときは、コントロールできませんが、亡くなるときはコントロールすることできます。自分の望む終末を迎えるために作成します。
　自分の人生を振り返り、財産・保険などを確認し書き留めます。また、医療や介護が必要になったとき、どうして欲しいかという希望も書いておきます。自分の生きた証を残し、後世に伝えるために活用されています。

練習問題

❶遺言書の種類を調べ、それぞれのメリット、デメリットを確認してみよう。

❷相続時に起こるかもしれないトラブルについて考えてみよう。

第13章　ライフプランニング

　人生には進学、就職、結婚、子育て、住宅購入、退職、転職、起業など様々なライフイベント（人生の節目となる出来事）があります。この章ではこうしたライフイベントに伴う費用がどのくらいかかるのか、そしてライフイベントに伴うお金の流れを時系列に示したライフプラン表のつくり方について学びます。

13.1.ライフプランとは

　ライフプランとは、将来どうしたいかといった人生設計のことです。自分の夢や目標を実現するために立てる計画です。

　「夢や目標は？」と問われたとき、明確に即答できる人は少ないでしょう。しかし、日々生活していく上で夢や目標を持って、意識して行動している人とそうでない人とでは、大きな差がでてくるでしょう。

　ライフサイクルに応じて、就職、結婚、子育て、住宅購入などのライフイベントが起こります。現在は多様な価値観のもと、個性ある生き方も社会的に認められています。これらのライフイベントとどう向き合うかは、自分自身で判断しなければいけませんし、こうしたライフイベントにはお金がかかります。お金に関する計画も併せて考えなくてはいけません。

　経済的な裏付けのもとで、夢や目標が達成できるのです。

■ライフプランの必要性

　第二次世界大戦後の日本は、政府・官僚・民間が一体となって豊かさを追求してきました。貧しく、モノがない状態の中、高度経済成長を成し遂げました。経済成長にあわせて貧富の差がないように社会システムも確立され、国や企業に守られ、安心した生活がおくれたのです。

　その頃の価値観は画一的で勉強をして優秀な高校、大学を目指し、卒

業後は大企業に就職するというものでした。それで、ライフプランが完結できたのです。

　就職により老後までの安定した収入が約束されました。また、若いうちに住宅ローンを借りてマイホームを持てば、インフレ経済下で数年経つうちに資産価値は上がり、ローン価値は下がりました。

「人並み」という言葉のとおりに行動していれば、悩むことなく資産形成ができ快適な人生がおくれたので、ことさらライフプランを考える必要なかったのです。

　1990年代以降、日本経済は成熟期に入り、規制緩和や金融自由化が進みました。安心して国や企業にライフプランを任せることができないばかりか、何が起こっても不思議でない、不確実な時代になりました。今や自己責任に基づく自立型のライフプランを立てる必要がでてきたのです。

　漠然とした不安もライフプランを立てることにより、明確になり対処できます。夢や目標も具体的に意識し、数値化することにより実現が近づきます。

　節目、節目でライフプランをしっかり考え、立てることにより、有意義な人生が送れるのです。

Column　日本的経営

　高度経済成長下での国内企業は、以下の3要素を特徴として持ち、安定した経営のもと、従業員を守る経営ができていました。

◇終身雇用
　　企業が正規に採用した社員を、特別な場合以外は解雇しないで、定年まで雇用すること。
◇年功序列賃金
　　勤続年数や年齢が増すに従って役職や賃金が上がること。
◇間接金融
　　お金の貸し手と借り手の間に銀行が仲介してお金を融通すること。銀行が預金で集めた資金を、銀行の責任で企業に貸し付ける。

13.2.ライフプラン表の作成

　人生には様々なライフイベントが控えています。就職、結婚、出産、子

供の教育、住宅購入、退職などのライフイベントを書き出すことにより、どのような人生を歩むかを明確に意識できるようになると思います。漠然としていた夢や目標を具体化させます。

■ライフイベントにかかる費用の目安

　ライフイベントにかかる費用は人によって違いますが、コラムにあるように、住宅購入、教育資金、老後資金の三大支出を中心にライフイベントを書き出したら、それにかかる費用を検討します。代表的なイベントと、かかる費用の目安を以下に示します。

◇就職活動の費用

リクルートスーツ代、交通費、宿泊費等　　　　　　　　　　（円）

卒業時期	調査時期	費用
2019年3月	2018年10月	135,881
2020年3月	2019年10月	136,867
2021年3月	2020年10月	97,535
2022年3月	2021年10月	61,212
2023年3月	2022年10月	70,007
2024年3月	2023年10月	84,241

出典）（株）ディスコ　キャリタス就活学生モニター調査

◇結婚の費用

結納・婚約～新婚旅行までにかかった費用　　　　　　　　（万円）

項目	全国	首都圏
結納式の費用	20.6	25.6
両家の顔合わせの費用	6.7	6.9
婚約指輪	38.2	43.4
結婚指輪（二人分）	28.1	30.8
挙式、披露宴・ウエディングパーティー総額 （ご祝儀総額）	327.1 （197.8）	356.3 （199.7）
新婚旅行	43.4	53.4
新婚旅行土産	5.9	5.4
総額	415.7	456.9

注：平均費用の合計と総額は一致しない
出典）ゼクシィ結婚トレンド調査2023

ライフプラン表の例

学生番号　123-×△○　　氏名　木下　康

(単位:万円)

西暦	2023	2024	2025	2026	2027	2028	2029	2030	2031	2032	2033	2034	2035	2036	2037	2038	2039	2040	2041	2042	2043
	現在	1年後	2年後	3年後	4年後	5年後	6年後	7年後	8年後	9年後	10年後	11年後	12年後	13年後	14年後	15年後	16年後	17年後	18年後	19年後	20年後
家族　木下　康	19	20	21	22	23	24	25	26	27	28	29	30	31	32	33	34	35	36	37	38	39
里											26	27	28	29	30	31	32	33	34	35	36
（長女）												0	1	2	3	4	5	6	7	8	9
由														0	1	2	3	4	5	6	7
家族のイベント					卒業就職						結婚	長女誕生		次女誕生		長女幼稚園	住宅購入	次女幼稚園	長女小学校		次女小学校
収入　本人可処分所得	60	60	60	60	256	264	272	280	288	297	306	315	324	334	344	354	365	376	387	399	411
配偶者可処分所得											226	136	226	136	226	233	240	247	254	262	270
一時的な収入												50		50			3,000				
収入合計	60	60	60	60	256	264	272	280	288	297	532	501	550	520	570	587	3,605	623	641	661	681
支出　基本生活費	60	60	60	60	120	122	124	126	129	132	198	202	206	210	214	218	222	226	231	236	241
その他生活費					18	18	18	18	18	18	36	72	72	108	108	108	108	108	108	108	108
住居費					60	60	60	60	60	60	96	96	96	96	96	96	3,620	120	120	120	120
教育費																50	50	100	80	80	60
その他																					
一時的な支出					50	50	50	50	50	50	300	50		50							
支出合計	60	60	60	60	248	250	252	254	257	260	630	420	374	464	418	472	4,000	554	539	544	529
年間収支	0	0	0	0	8	14	20	26	31	37	-98	80.6	176	55.6	152	115	-395	69	102	117	152
年初貯蓄高	0	0	0	0	0	8	22	42	68	99	136	38	119	295	350	502	617	222	291	393	510
+年間収支	0	0	0	0	8	14	20	26	31	37	-98	80.6	176	55.6	152	115	-395	69	102	117	152
資産運用益																					
年末貯蓄高	0	0	0	0	8	22	42	68	99	136	38	119	295	350	502	617	222	291	393	510	662

◇**出産の費用**

室料差額等を除く入院料、分娩料等の推移　　　　　　（万円）

H24	H25	H26	H27	H28	H29	H30	R1	R2	R3	R4
41.7	42.1	43.0	44.0	44.5	44.8	45.4	46.0	46.7	47.3	48.2

出典）厚生労働省　第167回社会保障審議会医療保険部会資料より作成

　出産育児一時金制度とは、出産に関する費用負担の軽減のために、公的医療保険から出産時に一定金額が支給される制度です。費用が上昇傾向にある中、その支給額は令和 5 年 4 月より420,000円から500,000円に引き上げられました。

◇**教育の費用**

　幼稚園から高等学校卒業までは下表のように 6 つのケースがあります。

幼稚園から高等学校卒業までの15年間の学習費総額　　　　（円）

区分	学習費総額				合計
	幼稚園	小学校	中学校	高等学校 （全日制）	
ケース1 （すべて公立）	472,746 （公立）	2,112,022 （公立）	1,616,317 （公立）	1,543,116 （公立）	5,744,201 （公→公→公→公）
ケース2 （幼稚園だけ私立）					6,196,091 （私→公→公→公）
ケース3 （高等学校だけ私立）					7,357,486 （公→公→公→私）
ケース4 （幼稚園及び高等学校が私立）					7,809,376 （私→公→公→私）
ケース5 （小学校だけ公立）	924,636 （私立）	9,999,660 （私立）	4,303,805 （私立）	3,156,401 （私立）	10,496,864 （私→公→私→私）
ケース6 （すべて私立）					18,384,502 （私→私→私→私）

出典）文部科学省「令和 3 年度子供の学習費調査」

　大学進学に係る教育費については、国公立大学か私立大学か、文系か理系か等によって大きく変わってきます。

第**13**章

ライフプランニング

進路別大学入学初年度に必要な授業料、入学料等　　　　（円）

	授業料	入学料	施設設備費	合計
国立	535,800	282,000		817,800
公立	536,363	391,305		927,668
私立文系	815,069	225,651	148,272	1,188,991
私立理系	1,136,074	251,029	179,159	1,566,262
私立医歯系	2,882,894	1,076,278	931,367	4,890,539

出典）国立、公立：文部科学省「国公立大学の授業料等の推移」より作成
出典）私立：文部科学省「令和３年度私立大学入学者に係る初年度納付金平均額(定員１人当たり)の調査結果」より作成

◇住宅の費用

　住宅購入は人生で最も大きな買い物と言われています。下記数値は全国平均ですので、都会と地方とではずいぶん違います。資材価格の高騰を受けて、全体として上昇傾向が続いております。

住宅購入の所要資金（全国）の推移　　　　（万円）

	2018年度	2019年度	2020年度	2021年度	2022年度
マンション	4,437	4,521	4,545	4,528	4,848
土地付き注文住宅	4,113	4,257	4,397	4,455	4,694
建売住宅	3,442	3,494	3,534	3,605	3,719
注文住宅	3,395	3,454	3,495	3,572	3,717
中古マンション	2,983	3,110	2,971	3,026	3,157
中古住宅	2,473	2,574	2,480	2,614	2,704

出典）住宅金融支援機構「フラット35利用調査」より作成

◇老後の費用

　公益財団法人生命保険文化センターが実施した2022（令和４）年度「生活保障に関する調査」によると、夫婦2人の老後の最低日常生活費は月額23.2万円、ゆとりある老後生活費は月額37.9万円となっております。

　また、総務省の家計調査によると高齢無職世帯（夫婦高齢者無職世帯）の家計収支は下表のようになっております。

	2017年	2018年	2019年	2020年	2021年	2022年
収入	209,198	222,834	237,659	256,660	236,576	246,237
支出	263,717	264,707	270,929	255,550	255,100	268,508
過不足	-54,519	-41,872	-33,269	+1,111	-18,524	-22,270

注：2017 〜 2019年　夫65歳以上、妻60歳以上の夫婦のみの無職世帯(高齢無職世帯)
注：2020 〜 2022年　65歳以上の夫婦のみの無職世帯(夫婦高齢者無職世帯)

■キャッシュフロー

◇収入の把握

　現状の収入を把握します。ライフプランニングにおいては、年収(額面)ではなく、実際に使えるお金、可処分所得を把握します。

　一時的収入には、贈与やローンなどの金額を記入します。住宅購入など大きなライフイベントで、貯蓄だけではまかなえず、ローンを組むときなどはその金額を書きます。

学歴・年齢別賃金(月額)　　　　　　　　　　　　　　　(千円)

	高校	専門学校	高専・短大	大学	大学院
20代前半	205.2	220.3	215.6	233.6	257.1
30代前半	248.5	263.1	261.3	304.9	354.3
40代前半	287.5	303.7	303.7	390.7	497.5
50代前半	310.6	340.2	330.0	474.9	614.3

出典）厚生労働省「令和4年賃金構造基本統計調査」より

　年代別に平均的な賃金の額を表にまとめていますので、参考にしてください。これも平均値ですので、会社により異なります。

Column　**可処分所得とは**

　年収とは、税金や社会保険料などを控除する前の金額です。可処分所得とは、年収から所得税・住民税と社会保険料を差し引いた後の金額です。自分の意思で使うことができるお金としてキャッシュフローをみるときに使うものです。

◇家計支出(年間支出)

　支出を把握します。家計簿などをつけている人なら簡単に分かると思いますが、つけていない人は難しいかもしれません。1円単位までしっ

かり数字をだそうと思わずに、おおよそが分かればそれで結構です。

　管理するという観点から、支出の総額だけでなく以下のように分類してください。

① 　基本生活費……食費、衣料費、公共料金、通信費、車両関連費など
② 　その他生活費……生命保険料、損害保険料、医療費など
③ 　住居費……家賃、住宅ローン返済額、固定資産税、管理費など
④ 　教育費……学校教育費、学校外（塾、習い事）、進学関係費など
⑤ 　その他……交際費、レジャー関連費、こづかい、使途不明金など
⑥ 　一時的な支出……耐久消費財の購入、イベント費用など

どこに分類していいかわからないものは、各自でルールを決めて振り分けてください。毎月の支払いが固定しているものから確認していくのがポイントです。

◇年間収支
　年間の収入合計と支出合計が把握できれば、差し引くことで年間収支が計算できます。年間収支がマイナスでも、計画しているマイナスなら心配いりません。無駄遣いによるマイナスは別問題ですが、理由（子どもの進学や乗用車の購入など）がはっきりしている場合は問題ないのです。

◇貯蓄残高
　年初貯蓄額に年間収支を加減して年末貯蓄高を計算します。ファイナンシャル・リテラシーを高めて資産運用して、運用益が得られたときは加算します（運用損のときはマイナス）。
　家計において年末貯蓄額がマイナスはありえません[※]。資金不足でお金を借入れたときは、一時的収入に記入しますので年末貯蓄残高はプラスになります。（[※]この欄がマイナスの場合、家計は破綻していることになります。）

> ### *Column* FPが考える貯蓄等式
>
> ライフプラン表のキャッシュフローを計算し、記入するときには
>
> ### 収入（可処分所得）－支出＝貯蓄
>
> で計算します。ＦＰは、この式は表作成上便宜的にやっていると考えます。
> 　家計をしっかり管理していくには、
>
> ### 収入（可処分所得）－貯蓄＝支出
>
> と貯蓄等式を考えるのです。
> 　貯蓄を意識的、目標を持ってしているので年間収支がマイナスになってもあまり問題ないと考えるのです。

■リタイアメントプラン（セカンドライフ）

　リタイアメントプランとは、退職後のライフプランです。

　長寿化が進む現在、定年を迎え勤労収入がない状態で生活する期間が二十数年になります。リタイアメント後のセカンドライフにどのくらいの資金が必要であるかを確認し、備える必要があります。

　第1章のコラムに記載した「老後2,000万円問題」の発端となった金融庁の報告書によると、年金受給開始の65歳から20年〜30年生きるとすると約1,300〜2,000万円不足することになります。

　しかし、この試算はあくまでも平均的なサラリーマン家族のケースです。給与水準や自営業など仕事の形態により老後の収入が、また、老後生活のあり方をどのようにするかで不足分は変化します。自身のライフプラン表を作成して確認することが大切です。

　セカンドライフに必要な資金は、生活費の他に以下の支出も考えておく必要があります。

・医療・介護に必要な資金

・子どもへの結婚資金や住宅購入費の資金援助

・住宅ローン、教育ローンの残債

・趣味や旅行などのレジャー資金

　自分たちのセカンドライフを考え、しっかり資金準備をしましょう。

13.3.ライフプラン表をチェック

　ライフプラン表（ライフイベント、キャッシュフロー）が作成できたならば、必要なときに必要なお金がしっかり準備できているかを確認しましょう。重要なライフイベントが計画されているのに資金的な準備ができていないと困ります。

　資金が不足するようならば、対策を講じなければなりません。収入を増やすか、支出を減らすか、資産運用益を確保するかいずれかの方法によりお金を捻出しなければなりません。

■生涯収支を確認してみる

　ライフプラン表では、毎年の収支を確認し記入しました。それとは視点を変えて一生涯での収入、支出を確認してみましょう。

　自分の生涯収入の予想、日常生活費の生涯合計、

**　　生涯収入ー日常生活費の生涯合計＝ライフイベントに使えるお金**

　大枠でとらえてみるとどうでしょう、十分だなと感じる人、これしか使えないのかと感じる人、それぞれだと思います。

　視点を変えてみると違う世界がみえると思います。

Column　人生の3大支出

　一般的に人生の3大支出とは、次の3つを言います。
　　　・住宅購入
　　　・教育資金
　　　・老後資金
　住宅購入についての資金計画は、不動産の項でふれましたので参考にしてくだい。
　老後については退職後どのような生活をするかによって1,000万円～4,000万円くらいが必要になります。
　教育資金は、子どもが選択する進路にもよりますが、大学進学まで考えると、約800万円～3,500万円ほどが必要になります。

13.4. まとめ

　私たちは、夢や目標を達成し幸せになるために生活しています。具体的な夢や目標を持ち、それに向かって努力することで「実りある充実した人生」になると思います。

　そして、夢や目標を実現させるための「道具」としてお金があると思います。お金は魔物です。持つ人の考え方により変貌します。ファイナンシャル・リテラシーを高め、お金に振り回されることなく、うまく付き合いましょう。

　私は、多くのお金を望むより、「必要なときに必要なお金があればいい」と考えます。

　夢や目標、そしてキャッシュフローを管理するために、ライフプラン表は有効です。

　そして、「なれる最高の自分」になりましょう！

練習問題

❶5年後、10年後、どこでどんな生活をしているかイメージしてみよう。

❷今後のライフイベント書き出し、それにかかる費用を見積もってみよう。

❸ライフプラン表を作成し、問題点がないかどうかチェックしてみよう。

索引

索
引

索引

● 著者経歴

阿部　圭司（あべ けいじ）・・・・・・・・・・・・・・・・・・・・・・・・・・ 第1章、第3章、第4章、第5章、第6章 執筆
1970年　新潟県生まれ。
早稲田大学 大学院 商学研究科博士課程単位取得満期 退学
現在　高崎経済大学経済学部教授
［主要業績］『ファイナンス入門』（共著、放送大学教育振興会）、『Excelで学ぶ統計解析 会社
　　　　　の数字を知って伸ばす本』（ソシム）、『Excelで学ぶ回帰分析』（ナツメ社）　他

小澤　伸雄（おざわ のぶお）・・・・・・・・・・・・・・・・・・・・・・・・・・・・ 第2章、第7章、第8章 執筆
1958年　群馬県生まれ。
東洋大学工学部 卒業
現在　高崎経済大学非常勤講師、群馬県FP協同組合 理事長
ファイナンシャル・プランナー（CFP）　ファイナンシャル・プランニング技能士1級
NPO法人日本ファイナンシャル・プランナーズ協会群馬支部長、関東ブロック副ブロック長　歴任
FP受検講座講師、消費生活者向けライフプランセミナー講師

木下　康彦（きのした やすひこ）・・・・・・・・・・・・・・・・ 第9章、第10章、第11章、第12章、第13章 執筆
1968年　群馬県生まれ。
慶應義塾大学経済学部 卒業
現在　（株）カナザワ 代表取締役、（一社）ぐんま年金教育協会理事
ファイナンシャル・プランナー（CFP）、日本学生支援機構スカラシップアドバイザー

2011 年　4 月 15 日　初版第 1 刷発行
2019 年 10 月 20 日　第三版第 1 刷発行
2022 年　3 月 15 日　第三版第 2 刷発行
2024 年　3 月 15 日　第四版第 1 刷発行

ファイナンシャル・リテラシー[第四版]
──知っておきたい「お金」の知識と付き合い方──

著　者 ©　阿　部　圭　司
　　　　　　小　澤　伸　雄
　　　　　　木　下　康　彦
発行者　　脇　坂　康　弘

東京都文京区本郷2-29-1 渡辺ビル1階
郵便番号113-0033
発行所 株式会社 同友館　　TEL　03（3813）3966
　　　　　　　　　　　　　 FAX　03（3818）2774
　　　　　　　　　　　　　 https://www.doyukan.co.jp/

乱丁・落丁はお取り替えいたします　●制作／trans>act 髙田嘉幸／ TSY 林猛夫
　　　　　　　　　　　　　　　　　●印刷／三美印刷　●製本／松村製本所
ISBN 978-4-496-05702-1　　　　　　　Printed in Japan